The Cutting Edge of Cognitive Science

越境する認知科学

日本認知科学会 編

7

よい判断・意思決定とは何か

合理性の本質を探る

本田秀仁 著

共立出版

「越境する認知科学」刊行にあたって

　21世紀に入り，20年が経とうとしている。この間，認知科学は飛躍的な変化を遂げた。その結果，前世紀には存在しなかった，あるいはきわめてマイナーであった分野が，認知科学の表舞台どころか，中心に躍り出ることになった。

　こうした分野の1つに「身体」がある。従来，身体は単に情報の入り口，認知の出口として捉えられてきた。しかしこの分野の展開により，身体は知性の重要なパートナーであることが明らかにされた。また「社会」，「環境」もそうだ。以前の認知科学は，個人の頭の中の働きを探る学問とされてきた。しかし，近年の研究は，社会と知性は二重らせんのように，よじれあいながら人を特徴づけていることを明らかにしてきた。そして「創造」，「創発」。あらかじめ決められたプログラムの実行としての認知ではなく，個と場との相互作用による創発，創造が認知の本質であることが示されつつある。

　このような変化は，「越境」に支えられている。従来の研究領域，方法の境界を越え，他分野の研究者，そこでの知見との対話と協力が，認知科学を拡大，深化させてきた。越境先は，脳科学，ロボット科学，進化論，哲学，社会学，芸術，フィールドワークなどさまざまである。こうした次第でシリーズ名を「越境する認知科学」とした。

　本シリーズの著者たちは，まさに越境を通して，新しい時代の認知科学を牽引してきた一線級の研究者ばかりである。野心的でありながらも，緻密な論理に貫かれた彼らの研究を通して，新時代の認知科学が明らかにした知性の姿を読者と共有できれば幸いである。

「越境する認知科学」編集委員会

まえがき

　本書は，"よい" 意思決定とは何か，という問いについて考えていく。私たちは日常生活において，"よい" 意思決定をしたい，という欲求が非常に強い。例えば，ある日のランチのことを想像してほしい。知らないレストランに入って，そこのランチがすごく美味しければ満足するし，逆に美味しくなければがっかりする。ランチではできるならば美味しいものを食べたい。ランチに美味しいものを食べられるか否かは，私たちがよい意思決定（どこのレストランに入るか，どのメニューにするか）ができたかで決まるのである。さらに，私たちの人生を大きく左右するような，「どこの大学を受験するか」，「どのような職業に就くか」，「誰と結婚するか」などの重要な意思決定であれば，「絶対よい意思決定をしたい」と思うのではないだろうか。私たちはどのようなときも，"よい" 意思決定をしたいのである。

　しかし，そもそも "よい" 意思決定とは何であろうか。ランチの例を考えてみよう。お金に糸目をつけない状況であれば，単純に自分が食べたいものを食べられるところに行けばよいだろう。しかし予算が 600 円であれば，そもそも多くのレストランが選択肢から外れる。このような状況になると私たちはコストパフォーマンスを考え，「限られた 600 円の中で，可能な限り美味しいものを食べたい」となる。またさらには，「13:00 までに会社に戻らないといけない」という状況だったとする。このような状況では「さっと食べられそうなレストラン」を探す必要がある。これらの例を見てもわかるように，"よい" 意思決定の基準は一つには定まらない。状況

に応じて，「美味しいものを食べることができるレストラン」，「コストパフォーマンスのよいものを提供しているレストラン」，「さっと食べられるレストラン」といったように，異なる基準の中で選択肢の良し悪しが決まり，私たちはその基準の中で最良と思われるレストランを探す。

ランチで何を食べるかの決定など，私たちの日常生活では非常に些細な意思決定である。このような些細なものであっても，前述したように，意思決定にはさまざまな問題が絡み，その中で折り合いをつけながら私たちは意思決定を行っている。これが人生にとって重要な「どこの大学を受験するか」，「どのような職業に就くか」，「誰と結婚するか」，などの意思決定ではさらに複雑で，かつ深刻な要因が絡んでくる。ランチの時のように，「本当は700円のランチを食べたいけど，予算オーバーだから，600円のランチにしよう」などと，簡単に折り合いを付けられない場合もある。意思決定は本当に難しいのである。

本書では，意思決定科学と呼ばれる分野の研究を中心として，私たちが行っている判断や意思決定に関して紹介していく。意思決定科学において，最も議論が行われるトピックの一つが判断や意思決定の合理性である。合理的な判断や意思決定はよい判断・意思決定と考えられる。ランチの時，「よいレストラン」の基準が多く存在し，ある状況でベストの選択肢（レストラン）が，別の状況ではベストの選択肢ではないことが普通にありうることは明白である。これと同様に，合理性についてもさまざまな基準が存在し，意思決定科学では盛んに議論が行われている。本書では，異なる視点から合理性について考え，一見すると非合理的と考えられる判断や意思決定の背景にある合理的側面について紹介し，人間が行う判断や意思決定の "よさ" の特徴について説明を行う（第1章～第4章）。また，私たちの日常生活で，意識されにくい，"よろしくない" と

考えられる判断や意思決定バイアスを紹介する（第5章）。そして最後に，"よい"意思決定や判断を行うために，行われる介入方法について紹介する（第6章）。

　本書では，「よい意思決定とは何か？」という問いに対する1つの明確な回答を提供することはできない。しかし，「どのようにしたらよい意思決定ができるようになるのか？」という点について，何らかの気づきを提供し，読者一人一人が最終的に，「私は…のようにすればよい意思決定ができる」と，自信をもった意思決定ができるようになってもらえればと願っている。

目　　次

第1章 よい意思決定とは何か

　私たちの日常は意思決定の連続である。例えば，ランチを食べるためにレストランに入って，「Aセット800円」と「Bセット900円」のどちらかを選択する，という場面を考えてみよう。財布の中身と相談しながら，またその日の自分の気分を考えて，どちらかを選択する。これはきわめて日常的な意思決定である。また，人生にはさまざまな節目があり，そこではその後の人生を大きく左右すると考えられる重要な意思決定を行う。例えば，大学受験でどこの大学を受験するか，大学卒業後にどのような職に就くかという，人生を大きく左右する可能性のある意思決定が行われる。また，近年の気象変動によって，私たちはこれまで経験したことがないような豪雨に襲われることが増えてきた。その際には防災情報に基づいて避難するべきかどうかの意思決定をしなければならない。

　これらの例からもわかるように，私たちは日々，さまざまな意思決定を行う。もしよい意思決定ができているのであれば，幸せな毎日を送れるだろう。迷って決めたランチのメニューが思っていたよりも美味しくなければ損した気分になり，美味しければささやかではあるが幸せな気分になる。このように，ランチの選択がうまくできれば，日常的によい気分となるだろう。またどのような職に就くのかに関する意思決定は，人生設計に大きく関わる問題であり，幸福な人生を送れるかどうかを大きく左右すると言っても過言ではな

い。さらには，豪雨に襲われた時に避難するかどうかの決定は生死をも分ける意思決定である。普段，意識することは少ないかもしれないが，意思決定は私たちの人生を大きく左右しているものといえるのではないだろうか。本書では，「よい意思決定とは何か」という問題について考えていく。

　まず，意思決定研究の中でも最も行われてきたトピックの一つである確率的情報に基づく意思決定に関して簡単に紹介する。特に，人間が行っている "悪い" とされる意思決定の特徴について説明する。

1.1　確率と意思決定の関係

　確率は数学の教科書で出てくるトピックであり，私たちの日常生活と関わりなどないのではないか，と思うかもしれない。しかしながら，意識するかしないかは別として，私たちが行う意思決定に確率は密接に関わってくる。

　例えば，気象情報は確率で表示される。天気予報で，翌日の雪が降る確率は 100%，かつ積雪量が非常に多いと予測される場合，学校は授業を休講にしたり，鉄道会社は本数を減らすなどの計画運休の措置を取るだろう。一方で，確率があまり高くない場合（例えば，雪が降る確率は 10%），このような措置を取ることはないだろう。これらは，確率的情報に基づいて意思決定がなされている例である。

　私たちは日常的に，降水確率のように，明確な確率的情報が常に与えられるというわけではない。しかしそのようなときでも，私たちは確率的に考えながら意思決定を行うことが多い。例えば，就職活動をしている学生の A さんについて考えてみよう。A さんは企業 X 社が第一志望で，最終面接を受けてきた。このときの手応えとして，「内定をもらえそうだ」と思っているとする。このとき，A さんの心の中は，高い確率（例えば 90%）で内定がもらえると

思っているような状態と解釈できる。このようなとき，翌日にあまり志望していなかった企業 Y 社の一次試験が控えているとしたら，「明日の一次試験はパスしよう」と考えるかもしれない。一方で，十分な手応えがなく，「内定をとてももらえそうにない」と思ったとする。このときの A さんの心理は，内定をもらえる確率は非常に低い（例えば 10％）と思っているような状態である。このようなときは，「一次試験を受けに行こう」と A さんは思うだろう。これらの例は，明示的な確率的情報が存在しているわけではなく，また「内定をもらえる確率 90％」などと意識的に考えているわけではないものの，A さんの考え方は確率的になっていると解釈できる。

　意思決定は時として非常に難しい。この理由の一つは，多くの場合に物事が確率的にしか決まらないからである。物事が明確にわかっていれば難しいことは何もない。確実に大雪が降るとわかっていれば学校は休講措置を取り，鉄道会社も事前に計画運休にすればよい。また，第一志望の企業から確実に内定がもらえるとわかっていれば，ほかの企業の採用試験について考える必要はない。物事が確率的にしか決まらないために悩むのである。このように，私たちの意思決定は確率に影響を受けており，私たちは確率をどのように捉え，またそれが意思決定時にどのような影響を与えているのか，について古くからさまざまな議論が行われてきた。

1.2　意思決定に対して確率が与える影響

　それでは，確率的情報は意思決定に対してどのような影響を与えるのであろうか。長く続く意思決定研究の中で，このことに関する膨大な知見が蓄積されてきた。要約すれば，私たちは確率的情報を心理的にきわめて独特な形で感じ，それが意思決定に影響を与えているということが明らかになっている。図 1.1 に私たちが意思決

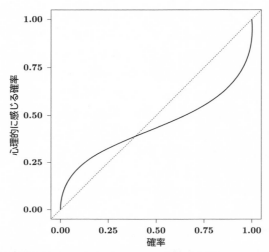

図 1.1 確率的情報に対する人間の心理的な感じ方の典型例。**Gonzalez ＆ Wu** (1999) を参考に作成。横軸は客観的な確率，縦軸は心理的に感じる確率を意味する。例えば，50％ の確率を見ると，対角線（点線）より下にある。このことは，「50％」という確率を聞いた際に心理的に感じる確率は，実際の確率より低いことを意味する。

定を行う際に，確率的情報に対する心理的な感じ方の典型的な例を示す。横軸は客観的な確率を，そして縦軸はその客観的な確率値に対する人間の心理的な感じ方を示している。例えば，50％ の客観確率に対する心理的な感じ方を見てみると，対角線（点線）より下にある。このことは，「50％」という確率を聞いた際に，私たちは実際の確率より "低く" 感じていることを意味する。心理的に感じる確率の特徴を簡単にまとめると，(1) 全く起こらない場合（確率 0％）とごくわずかでも起こる可能性がある場合の大きな違い（確率が 0 から少し増したところで心理的な感じ方が急上昇している），(2) 確実に起こる場合（確率 100％）とほんのわずかでも起こらない可能性がある場合の大きな違い（確率が 1 から少し減少し

たところで心理的な感じ方が急下降している），(3) 低い確率を全体的に過大に評価する（低い確率の領域では，心理的な感じ方が対角線の上側にある），(4) 中程度から高い確率を全体的に過小に評価する（中程度から高い確率の領域では，心理的な感じ方が対角線の下側にある），(5) 両端を除いては，全体的に，細かい確率の違いにあまり敏感ではない，という点が挙げられる。

　これらは，ギャンブルの選択課題から明らかになったことである (e.g., Kahneman & Tversky, 1979)。ギャンブル課題の一例として以下のようなものがある。

選択肢 (A)：0.1% で 50 万円もらえる
選択肢 (B)：100% で 500 円もらえる

このような 2 つの選択肢を提示して，どちらを選択したいと思うかを尋ねると，一般的に，選択肢 (A) のほうが好まれる。ここで 2 つの選択肢の期待値[1]について考えてみると，選択肢 (A)，(B) ともに 500 円である。数学的に考えると，2 つのギャンブルは同じ価値をもつ。しかし選択肢 (A) のほうが好まれることは，私たちがギャンブルに対して感じる心理的な魅力は数学的な期待値とは異なることを意味する。この選択は先に示した確率に対する心理的な感じ方から説明できる。低い確率は一般に過大評価されること

---

[1] 期待値とは，特にギャンブルに関していうと，そのギャンブルにかけた際に得られる見込みの金額であり，確率から計算される。例えば，コインを振って（ここでは表と裏が出る確率をそれぞれ 1/2 とする），表が出たら 1 万円，裏が出たら何ももらえないというギャンブルがあったとする。このギャンブルから得られる見込みの額は結果と確率を掛け合わせることによって算出される。つまり，コインを 1 回振った時，表が出る（確率 1/2）：1 万円もらえる，裏が出る（確率 1/2）：何ももらえない，という結果になるので，1 万円 × (1/2) ＋ 0 円 × (1/2) ＝ 5,000 円がこのギャンブルの期待値となる。

が知られている。つまり，0.1% という確率は客観的な値よりも心理的にはより高く評価されることを意味する。したがって，選択肢 (A) に対して人間が感じる魅力は数学的な期待値に比べて高いことを意味する。その結果として，選択肢 (A)，(B) 間の選択では (A) のほうが好まれるという説明ができる。このように，ギャンブル場面での意思決定行動を分析することで，確率的情報が意思決定に与える影響が明らかになる。

　一見すると，ギャンブル場面の意思決定は他の意思決定場面と大きくかけ離れているようにも思える。しかしながら，ギャンブル場面の意思決定は，私たちが日常的に経験する意思決定を非常に単純化した "ミニチュア" といえる。例えば，同じ日の同じ時刻に企業 A と B の入社試験があり，どちらを受けるかを決めないといけない場面があったとする。このようなとき，私たちはまず主観的な価値や喜び，幸福感などを予測する。この場面でいうと，企業 A，B に入社したとしたらどのような仕事ができそうか，どのくらい給与を得られそうか，労働条件はよいか，などから，自分がより幸せに働けそうな会社はどちらであるかを考える。また同時に，企業 A，B への入社がどのくらい難しいのかも考える。人気企業であれば競争率は高く，入社できる確率が低くなる。これらは，それぞれ，ギャンブルの結果（得られる金額）と確率に対応すると解釈できる。表 1.1 を見ると，(a) ギャンブルの意思決定と (b) どちらの企業の入社試験を受けるかという 2 つの問題構造は似ていることがわかる。入社できるかどうかは確率の問題である。そして入社した際の労働条件は，ギャンブルでいうところの，私たちが得られる利得に対応すると解釈できる。もちろん，両者は完全に一致するわけではないが，ギャンブル場面での意思決定は，日常的に経験する意思決定を単純化しているといえる。また単純化させたギャンブルでは，当たり確率や結果を変えることによって，さまざまな意思決定

表 1.1 ギャンブルと日常的な意思決定

(a) ギャンブル

選択肢 A

利得が得られる確率	0.00001%
得られる金額	1 億円

選択肢 B

利得が得られる確率	70%
得られる金額	50 万円

(b) どちらの企業の入社試験を受けるか

企業 A

人気	・非常に競争率が高い ・世界中から応募者が殺到 ・毎年，採用は世界で数名
労働条件	・非常に高い給与 ・自分のしたい仕事ができる ・労働環境は非常によい

企業 B

人気	・そこまで競争率は高くない
労働条件	・給与は高くはないが，低いというわけでもない ・自分のしたい仕事はそれなりにできる ・労働環境は悪くはない

場面を検討できる。このように，ギャンブルにおける決定行動を調べることで，私たちが日常的に行っている意思決定に関して基礎的な知見が得られるのである。

　そして，実際にギャンブルに関する意思決定行動の研究から明らかになった知見で，私たちの日常でよく観察される決定行動を説明

できることが知られている。例えば，住宅の火災保険の例を考えてみよう。ほとんどの人にとって，一生のうちに住宅が火災になるという経験をすることはない。つまり住宅火災を経験する確率がごくわずかであることを意味する。ただし，確率は 0 ではない。そして多くの人は住宅火災保険に入る。一般的には，「安心を買う」などと言われることもあるが，確率の視点からは，全く起こらない場合（確率 0%）とほんのわずかでも起こる可能性がある場合の大きな違いから説明できる。つまり，確率が 0 ではない限り，ごくごくわずかであっても，それが心理的に与えるインパクトは非常に強い（火災になって，家財をすべて失ってしまうことを想像すると，とても恐ろしい気持ちになる）。その結果，多くの人が保険に入るという行動をとることが説明できる。

1.3　よい意思決定とは何か

　1.2 節で，私たちは意思決定を行う際に，確率的情報を心理的には独特な形で感じ，また確率から計算される期待値とは異なる形で選択肢に対して魅力を感じていることを示した。このことは，2 つの選択肢 A, B がある場合に，数学的に考えると選択肢 A のほうがよい選択肢だといえるのに，私たちは選択肢 B を選択するという可能性があることを意味する。このような数学的によいと考えられる形とは別の意思決定をすることは，よい意思決定といえるのであろうか。結論からいうと，大きく損をする意思決定につながってしまう場合がある。

　例えば，宝くじの期待値は購入した額の半分にも満たない[2]。つまり，宝くじを 1 万円購入した際に，得られる見込みの額は 5,000

---

2)　https://www.soumu.go.jp/main_content/000084191.pdf より。
　　この参照元で述べている「還元率」とは，売り上げに対して購入者に戻す金額の率を示している。本質的な意味は期待値と同じである。

円に満たないので，宝くじを買うことは客観的には大幅に損することを意味する。しかし宝くじに魅了され，何億円もの当選金を夢見て，購入する人が数多く存在する。このような損を生み出す行動は確率に対する心理的な感じ方から説明できる。高い当選金を得る確率は基本的に非常に小さい。しかし非常に小さい確率は，図 1.1 が示すように，心理的には非常に高く感じられる（対角線と比べると心理的な感じ方はかなり上側にシフトしている）。このことは，高い当選金を得る確率を心理的には非常に高く感じ，結果として "心理的な期待値" は購入した額よりも高くなることを意味する（1 万円購入したら，戻ってくる見込みの額は 1 万円よりも高いと心理的に感じる）。宝くじを魅力的に感じさせ，買いたくなる心理は，確率的情報に対する感じ方から説明ができるのである[3]。

以上のように，「よい意思決定とは何か」という問いに関して，期待値から考えることができる。得をする行動であるか，または損をする行動であるかが確率を用いることで客観的に判断でき，与えられた選択肢の中で得をする，または損をしない行動をしているのか，から私たちがよい意思決定を行っているかどうかを考えることができる。上の例で示したように，私たちは，損をする行動を取る場合があることを，これまでの意思決定研究は明らかにしている（Keren & Wu, 2015）。

1.4　複数の視点からよい意思決定を考える

本章では確率的情報に基づく意思決定について，数学的視点から

---

3)　もちろん，宝くじを購入する人が多い理由はこれ以外にも考えられる。例えば，通常の仕事では稼ぐことが不可能な金額を短期間で工面する必要がある場合，一つの方法として，宝くじを購入する人もいるだろう。借金に追われている人などはこのような例に当てはまる。これも悪い意思決定の一例である。宝くじは基本的に "損" につながる。借金が膨れ上がる可能性が高い。一発逆転はそうそう起こらない。

「得をする」，あるいは「損をしない」意思決定が存在することを紹介した。この考え方に基づけば，「得をする」，あるいは「損をしない」意思決定が基本的によい意思決定となるだろう。しかしながら，よい意思決定を数学的に「得をする」，あるいは「損をしない」という基準のみから考えるだけで十分であろうか。

　「よい意思決定」の定義は次の章から紹介するように，簡単には定まらない。意思決定研究では，しばしば「合理性」というキーワードから意思決定の良し悪しを議論する。そして，合理性にはさまざまな視点が存在している。つまり，「よい意思決定」はさまざまな視点から定義できるのである。本書では，異なる視点から私たちが行っている意思決定や，また意思決定と密接に関わる判断や選択について紹介していく。

表現の違いに影響を受けた意思決定

第2章

第2章では，私たちが示す意思決定の特徴である，「言語表現に影響を受けた意思決定」について焦点を当てる。この意思決定は，論理的，本質的には同等，あるいは類似した情報を伝達されているにもかかわらず，私たちの意思決定がその表現の仕方の違いによって影響を受けることを指している。このような意思決定は一般的に，悪い意思決定と考えられている。

　私たちは何かを伝達する際，闇雲に言葉を選ぶわけではない。例えば，「仕事が半分終わった」，「仕事がまだ半分残っている」，この2つの表現を考えてみよう。この2つの表現は論理的には全く同じことを伝えているといえる。しかしニュアンスが異なる。そして，話者は何らかの "意図" があってその表現を使っている，つまり伝えたい内容が異なるように感じる。もし私たちが言語表現から "意図" の違いを感じ取り，それを意思決定に反映させているのであれば，言語表現に影響を受けた意思決定は必ずしも悪い意思決定ではないかもしれない。言い換えると，私たちは表現の違いから状況の違いを推測する，いわば「行間を読んだ」よい意思決定を行っていると言えるかもしれない。

　本章では，言語表現に影響を受けた意思決定が本当に悪い意思決定といえるのかについて考えてみたい。

2.1 表現の違いに影響を受けた意思決定：
フレーミング効果

　論理的に同じと考えられる意思決定場面でも，その場面に関する表現法を変えることで意思決定が変化する現象は，フレーミング効果として知られている。最も有名な問題は Tversky & Kahneman (1981) の，アジア病問題と呼ばれる実験課題である。実験参加者はまず，以下のような仮想的な意思決定場面に関する教示を受けた。

　　　アメリカで 600 人の人びとを死に追いやると予期される特殊なアジアの病気が突発的に発生したとします。この病気を治すための 2 種類の対策が提案されました。これらの対策の正確な科学的推定値は以下の通りです。あなたなら，どちらの対策を採用しますか。

ポジティブフレーム群には以下のような 2 つの選択肢が提示された。

ポジティブフレーム群
対策 A：この対策を採用すれば，200 人助かる
対策 B：この対策を採用すれば，600 人の人が助かる確率は 1/3
　　　　で，誰も助からない確率は 2/3 である

このような 2 つの対策が提示された場合，多くの人は対策 A を好むことが知られている。一方で別のネガティブフレーム群には，次のような 2 つの選択肢が提示された。

ネガティブフレーム群

対策 C：この対策を採用すれば，400 人死亡する

対策 D：この対策を採用すれば，誰も死亡しない確率は 1/3 で，
600 人が死亡する確率は 2/3 である

ネガティブフレームが提示された場合，多くの人は対策 D を好む
ことが知られている。ここで注目してほしいのが，ポジティブフレ
ーム群とネガティブフレーム群の違いである。対策 A と対策 C は
同じ対策であり，そして対策 B と対策 D も同じ対策である。つま
り，2 つの意思決定場面は対策の表現法は異なるが，論理的には同
じ意思決定場面である。しかしポジティブフレーム群では対策 A
が，ネガティブフレーム群では対策 D がより好まれた。

　また日常的な場面に近い状況として，Levin & Gaeth (1988)
は，牛肉に対するラベル付けが，牛肉の味の評価に与える影響に
ついて検討している。この研究では，「赤身 75％」，あるいは「脂
身 25％」とラベル付けがされた牛肉に対する評価について検討が
行われた。この 2 つの表現は基本的に同じことを述べていると考
えられるが，「味のよさ」，「脂っこさ」，「質」，「赤身が多いか脂肪
分が多いか」，これらの項目について，購入した場合を想像して評
価する場合，また実際に肉を食べて評価する場合でラベルの違いの
影響について調べたところ，全般的に「赤身」とラベル付けした場
合のほうが高い評価になることが明らかになっている[4]。

---

4) Levin Schneider & Geath (1998) によれば，フレーミング効果は，
risky choice framing, attribute framing, goal faming の 3 種類に分類で
きる。Risky choice framing とは，アジア病問題のように，リスク（確率）
を伴う選択肢の表現法を変化させるフレーミング効果である。Attribute
framing とは，ここで挙げている例のように，対象がもつ属性情報に関す
る焦点の当て方を変化させることで生じるフレーミング効果である。Goal
framing とは，行動の結果の表現法を変化させるフレーミング効果である。

このように，論理的な意味合いは変えずに表現法を変え，その表現法（フレーム）が意思決定や評価に影響を与えるフレーミング効果の存在は，さまざまな研究で示されている。表現法に影響を受ける意思決定や評価は，一般的に悪い意思決定や評価と考えられている。例えば，アジア病問題のように，政策決定を国の首相が決めないといけない場合，2つの政策がもつ本質的な特徴でどちらの政策を取るべきかを決めるのがよいだろう。2つの政策がどのように表現されているのかという政策の本質とは関係のない部分で決定が揺らぐのはよい意思決定とは言いにくい。また Levin & Gaeth (1988) の牛肉の評価に関しても，牛肉そのものがもつ肉の性質によって評価されるのが本来考えられる牛肉に対する正当な評価である。ラベル付けを変えただけで肉の評価が揺らぐことは，牛肉に対して正当な評価ができているとは言いにくい。

2.2　確率情報の表現法の違い

　第1章では確率情報が意思決定に与える影響について紹介した。確率は定義上「数値」で表現されるものである。天気予報の降水確率は，「60%」のように数値で表現され，確率情報のコミュニケーションが行われる。しかしながら，私たちの日常生活ではいつも数値で表現される確率を用いてコミュニケーションを行っているわけではない。むしろそのような場面は少ないのではないだろうか。例えば，「来週の飲み会に行きますか」と聞かれて，もしかしたら予

　例えば，"乳房の自己検査を行うと，治療が十分可能な段階で癌が発見される確率は高くなることが研究で知られている" とポジティブな結果を強調する場合と，"乳房の自己検査を行わないと，治療が十分可能な段階で癌が発見される確率は低くなることが研究で知られている" のようにネガティブな結果を強調する方法である。なおこの場合は，ネガティブな側面を強調する場合のほうが，女性は乳房の自己検査を行うようになることが示されている (Meyerowitz & Chaiken, 1987)。

定が入るかもしれないものの（でも，その確率は非常に低い），予定が入らない限り飲み会に行くつもりである場合，私たちは「多分，行くと思います」のように，言語的に飲み会へ行く可能性（確率）について伝達することが多い。このような場面で，「行く確率は 90% です」などとコミュニケーションすることはほとんどないだろう（私の周りには数学好きな人が多いが，このようなコミュニケーションを行っていることを見たことがない）。このように，確率情報を伝達する場合，日常的には言語的な表現を用いることが多い (Beyth-Marom, 1982)。以下では，数値的に表現された確率を数値確率，言語的に表現された確率を言語確率と呼ぶ。

判断や意思決定の研究では，確率情報に基づいて人はどのような判断や意思決定を行っているのかを調べる際，その多くは確率情報が数値確率として示された場合を対象としてきた (Keren & Wu, 2015)。一方，言語確率に基づいて私たちがどのような判断や意思決定を行っているのかを調べる研究は，相対的に少ない。しかし，前述したように，日常生活における確率情報のコミュニケーションでは，言語確率を使用することが一般的なため，私たちの多くの判断や意思決定も言語確率に基づいて行われていると考えられる。例えば，もしあなたが飲み会の幹事をしており，お店に人数を伝えなければならない状況について考えてみよう。「多分行くと思う」という表現を聞いた場合は，「この人の分はカウントしておいたほうがよいだろう」と思う一方で，「行くのは難しいと思う」と聞いた場合は，「この人の分はカウントしなくてもよさそうだ」などと判断するだろう。

2.1 節で示したように，たとえ論理的に同じと考えられる情報であっても，表現法が異なると私たちの意思決定はその違いの影響を受ける。私たちは表現の違いに敏感なのだ。だとすると，確率の表現法の違いに私たちは影響を受けていても不思議ではないだろ

う。例えば,「多分行く」という回答が返ってきた場合を考えてみよう。「多分行く」という表現を数値確率で表現すると80%くらいになるかもしれない。したがって,確率の"程度"という意味では,「多分行く」と「80%の確率で行く」は非常に類似した情報を伝達しているといえる。しかし,「多分行く」と「80%の確率で行く」を比較すると,印象が異なる。「多分行く」と言われると来ることを前提で考え,一方で「80%の確率で行く」と言われると来ない可能性も少しだけ考える。このように,数値確率に基づいて判断や意思決定をする場合と,言語確率に基づいて判断や意思決定を行う場合では,私たちが異なる判断や意思決定を行う可能性が考えられる。

以下では,言語確率がもつ性質や言語確率に基づいて私たちが行っている判断や意思決定の特徴について紹介する。

2.3 言語確率の特徴

言語確率には,数値確率とは異なる独特の性質が知られている。具体的には,曖昧性と方向性という2つの特徴である。

まず,曖昧性という性質 (Budescu & Wallsten, 1995) について説明する。例えば,「わずかな見込みがある」という言語確率に対して何%くらいを示していると思うかを尋ねると,「10%」と回答する人がいたり,「20%」と回答する人がいたりと,多様な回答が得られる。図2.1に日本語における16の言語確率に対して,数値解釈(各表現が確率として何%を示していると思うかについての回答)を求めた結果を示す。図からも明らかなように,各表現に対する解釈は人によって大きく異なっている。これは,言語確率が曖昧なためである。前述の通り,私たちは日常的に言語確率を用いて確率情報の伝達を行うことが多い。しかし,言語確率が曖昧性を含んでいるために,話し手と聞き手との間で確率情報に関する

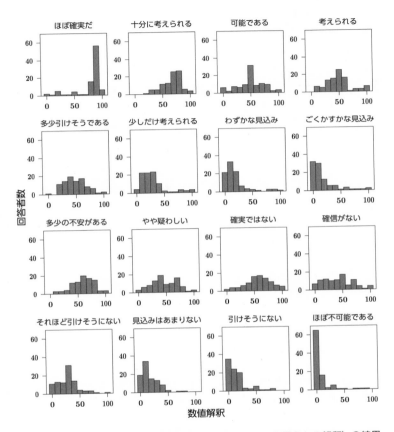

図 2.1　言語確率へ対する数値解釈（何 % を示していると思うかの解釈）の結果（Honda & Yamagishi, 2017）。この数値解釈は，赤と白のボールが入っている箱の中から 1 つのボールを引くとして，赤いボールを引く確率がそれぞれの言語確率で表されている時に，赤いボールを引く確率は何 % だと思うかについての回答を求めた。10% ごとの回答者数を縦軸に示している（回答者数は 93 名）。

誤解がしばしば生じる (e.g., Budescu, Broomell, & Por, 2009; Budescu, Por, Broomell, & Smithson, 2014. なお，この誤解の詳細についてはコラム①を参照)。

　次に方向性とは，聞き手が感じる言語的なニュアンスの違いのことである (Teigen & Brun, 1995, 2003a)。例えば，「わずかな見込みがある」という表現と，「あまり見込みがない」という2つの表現を考えてみよう。両者ともに低い確率を伝えていることは理解できる。しかし，2つの表現のニュアンスは大きく異なる。前者のような表現は，聞き手に対して物事が "起こりそう" である方向に注意を向けさせ（以後，肯定語と呼ぶ），後者の表現は "起こらなそう" である方向に注意を向けさせる表現（以後，否定語と呼ぶ）である。

コラム①：言語確率の曖昧性が生み出す誤解

　言語確率を用いたコミュニケーションは，日常場面だけではなく，重要な情報を伝達する場面でも行われている。ここでは，気候変動に関する政府間パネル (Intergovernmental Panel on Climate Change, IPCC) の報告書の事例を見てみよう。IPCC は，地球温暖化について，科学的，技術的，社会経済的な見地から包括的な評価を行うことを目的として，1988 年に世界気象機関 (WMO) と国連環境計画 (UNEP) により設立された組織である（気象庁のウェブページ，http://www.data.jma.go.jp/cpdinfo/ipcc/index.html より）。

　IPCC が作成する報告書の中で，地球温暖化に関してさまざまな予測が記載されている。報告書では確定的，断定的な記述をすることはできないので，可能性が言及されている。その際，言語確率が使用される。報告書では次ページに示したような基準の下に言語確率が使用されることになっている（言語確率の日本語訳は気象庁作成の翻訳に基づく）。

　Budescu ら (2009) は，IPCC の報告書内に出てくる言語確率を用いて，どのような確率解釈が行われるかを調べた。例えば，"It is very likely that hot extremes, heat waves, and heavy precipitation events will continue to become more frequent"（今後，高温異常

用語	発生する確率
virtually certain（ほぼ確実）	99% を超える確率
very likely（可能性が非常に高い）	90% を超える確率
likely（可能性が高い）	66% を超える確率
about as likely as not（どちらも同程度）	33%〜66%
unlikely（可能性が低い）	33% 未満
very unlikely（可能性が非常に低い）	10% 未満
extremely unlikely（可能性が極めて低い）	5% 未満
exceptionally unlikely（ほぼあり得ない）	1% 未満

気象や熱波，豪雨が多発する可能性が非常に高い）のような文章を提示して，報告書の作成者が意図している確率について，最も近いと思われる推定値，報告者の意図と一貫する確率の最低値と最大値について尋ねた。そして得られた回答をもとに，IPCC のガイドラインと一貫する範囲内で確率推定が行われているかどうかを分析した（例えば，"likely" が使われている文章についていえば，もし最低の推定値が 66% を超えていれば，ガイドラインと一貫した推定が行われていたことを意味する）。結果として，厳密に一貫した割合は全体の回答のたった 6.1% しかないことがわかった (Budescu ら，2009)。

このように，言語確率の曖昧性により，伝達者が意図する確率情報は正確に伝わらないことが多い。聞き手側は誤った理解をしている場面が数多く存在していると推測される。

2.4 言語確率の方向性が意思決定に与える影響

言語確率の方向性は判断や意思決定に大きな影響を与えることが知られている。Teigen & Brun (1999) は，以下のような仮想的な状況の意思決定課題を用いて，方向性が意思決定に与える影響について検討した。偏頭痛に悩む知り合いが鍼治療に基づく新しい治療を受けるかどうか迷っている。この治療法は長期間にわたり，そしてかなりの費用がかかる。知り合いはあなたに，この治療法を受けるべきか相談してきた。そこで，あなたは偏頭痛の治療法に詳しい医者に，この治療法のことについて相談してみた。すると，治療法

が有効である確率に関して，以下のような返答が返ってきた。

・「It is some possibility（治療が有効であることは少しだけ考えられる）」（肯定語）
・「It is quite uncertain（治療が有効であるか確信がない）」（否定語）
・「The probability is about 30-35％（治療が有効である確率は30-35％だ）」（数値確率）

　このように，肯定語，否定語，数値確率，いずれかの確率情報が提示された。Teigen & Brun (1999) では，以下に説明するような2つの実験群に対して異なる課題が実施された。1つの実験群には，それぞれの言語確率表現が，治療が有効である確率として何％ぐらいを示していると思うかを尋ねた（確率解釈群）。すると，肯定語，否定語に対する確率解釈の平均は，それぞれ31.7％，31.3％であった。この結果に基づけば，肯定語，否定語，数値確率のいずれも，治療法が有効である確率としてほぼ同程度の値を示しているといえる。別の実験群（意思決定群）には，それぞれの確率情報に基づいて，その治療法を友人にどの程度進めたいと思うかを4段階評定（1：絶対に勧めたい～4：絶対に勧めたくない）で回答を求めた。すると，評定値の平均値は，肯定語提示時には1.78，否定語提示時には2.71，そして数値確率提示時には2.29であった。評定値1，2を「勧めたい」，3，4を「勧めたくない」，というようにカテゴリー化して分析すると，「勧めたい」という回答率は，肯定語では90.6％，否定語では32.4％，数値確率では58.1％であり，提示した確率表現によって意思決定は大きく変化していた。筆者らもこれとほぼ同様の課題を日本語で実施した(Honda, Matsuka, & Ueda, 2017a)。筆者らは，日本語の肯定語

表 2.1　Honda, Matsuka, & Ueda (2017a) の意思決定課
　　　　題で用いられた言語確率

肯定語	否定語
治療法が有効であることは ほぼ確実だ	治療法が有効であるか 多少の不安がある
治療法が有効であることは 十分に考えられる	治療法が有効であるか やや疑わしい
治療法が有効である 可能性はある	治療法が有効であるか 確実ではない
治療法が有効であることは 考えられる	治療法が有効であるか 確信がない
治療法が有効であることは 多少考えられる	治療法が有効であるか それほど確信がない
治療法が有効であることは 少しだけ考えられる	治療法が有効である 見込みはあまりない
治療法が有効である わずかな見込みがある	治療法は有効そうではない
治療法が有効である ごくかすかな見込みがある	治療法が有効であることは ほぼあり得ない

と否定語それぞれ 8 語（表 2.1）を提示して，Teigen らの実験と同
様のカバーストーリーを用い，治療法が有効である確率を伝えるた
めに医者がそれぞれの表現を述べたという設定で，その治療法を偏
頭痛で悩んでいる友人にどの程度勧めたいと思うかを尋ねた。また
同じ実験参加者にそれぞれの言語確率に対する確率解釈を尋ね，確
率解釈と友人に勧めたいと思う程度の関係性について調べた。図
2.2 にその結果を示す。図からも明らかなように，たとえ同程度の
確率を示していると判断された場合でも，肯定語と否定語によって
決定は大きく異なることが示されている。このように，Teigen &
Brun (1999) で観察された現象は，日本語を用いた実験でも再現さ
れている。

　実験で想定されている場面では治療が有効である確率が意思決定
に最も影響を与えると考えられる。有効である確率が高いと思えば

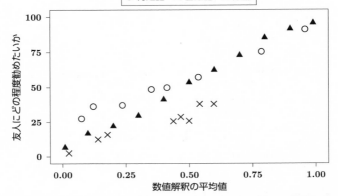

図 2.2 **Honda, Matsuka, & Ueda (2017a)** における日本語の言語確率に基づく意思決定課題の結果。それぞれのポイントは肯定語（8 語），否定語（8 語），また数値確率（11 数値）をもとに，治療法をどの程度友人に勧めたいと思うか（0〜100，数値が大きいほど勧めたいことを意味する）の平均値（縦軸）と，言語確率に関しては数値解釈の平均値（横軸）を示している。

勧めるだろうし，逆に低ければ勧めるのを控えるであろう。提示された表現はいずれも同程度の確率を示していることを踏まえると，どの確率表現が提示されても，友人に勧めたいと思う確率は同程度になりそうである。しかし，実際は表現の違いに依存して意思決定は大きく変化することが示された。

　言語確率の方向性に依存して変化する意思決定現象は，表現の違いによって決定が変化していることから，フレーミング効果の一種とも解釈できる (Teigen & Brun, 2003b)。フレーミング効果は悪い意思決定と考えられていることを踏まえると，言語確率の方向性に影響を受けた意思決定は私たちが示す悪い意思決定の一つとして解釈することも可能である。

2.5 言語表現に依存して変化する意思決定は 本当に悪い決定なのか

　言語表現の違いによる意思決定の変化は，悪い意思決定と考えられることが多い。本節では，そのような決定が本当に悪いものといえるのかどうかを考えてみたい。

　これまで焦点を当ててきたのは，主に聞き手である意思決定者である。つまり，ある情報を提示した際に，聞き手はどのような意思決定を行っているのかに焦点を当てて分析した結果，聞き手は情報の表現方法の違いによって意思決定を変えていることが明らかになっている。一方で，ここで注目したいのは，情報を提示する側の行動，すなわち伝達者側の行動である。私たちが伝達者として，何らかの情報を人に伝える際，闇雲に表現を選んでいるわけではない。状況に応じて，表現を選びながら情報を伝達しようとする。言い換えれば，字面以上の "何か" を伝達者は伝えようとしているといえる。もし聞き手が字面の意味以上の "何か" を積極的に読み取ろうとしているのであれば，それを意思決定に反映させても不思議ではない。つまり，論理的に同じ意味をもっていたり，字面上は似た情報を伝えていても，聞き手が読み取る情報は異なり，そしてもしその情報が意思決定に深く関わるのであれば，異なる判断や意思決定に導くことになるだろう。

　McKenzie らは，この可能性について議論を行い (McKenzie & Nelson, 2003; Sher & McKenzie, 2006, 2008, 2011)，話者の会話行動に注目して実験を行った (McKenzie & Nelson, 2003; Sher & McKenzie, 2006)。

　次のような2つの状況を考えてみよう（図2.3）。

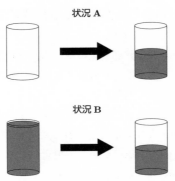

図 2.3　500 ml 中，250 ml の水が入っているグラスの変化前の 2 つの状況

状況 A

500 ml の水が入るグラスが目の前にある。現在，グラスには何も
入っていない（つまり，0 ml の水が入っている）。グラスが置いて
ある部屋を出て，10 分後に戻ってきたら，グラスの水量は 250 ml
になっていた。

状況 B

500 ml の水が入るグラスが目の前にある。現在，グラスには水が
完全に注がれた状態である（つまり，500 ml の水が入っている）。
グラスが置いてある部屋を出て，10 分後に戻ってきたら，グラス
の中の水量は 250 ml になっていた。

部屋に戻ってきた時のグラスの水量は状況 A，B ともに 250 ml で
ある。このグラスの中の水量を「半分一杯 (half full)」，「半分空
(half empty)」のどちらで表現するのがより自然だと思うかを問
うと，状況 A のほうが状況 B に比べて「半分一杯」が自然である
と回答する人が多いことを McKenzie らは報告している。この結
果は，500 ml の水が入るグラスの中の水量 250 ml を表現する際，

論理的には全く同じ意味をもつ，「半分一杯」と「半分空」の表現法を話者は使い分けていることを示唆している。なお，基本的に同じ課題を Honda, Shirasuna, Matsuka, & Ueda (2018) は日本語で検討し，同様の結果が得られている。

McKenzie らはこの行動を参照点仮説 (reference point hypothesis) から説明している。参照点とは，判断や意思決定をする際の基準になるような点である。上の例でいうと，部屋に戻ってきた時の 250 ml の水量を判断するにあたり，状況 A ではもともとの水量である 0 ml，状況 B では 500 ml の水量が参照点となる。参照点仮説によると，状況 A では，参照点から考えると水量が上昇しており，つまり，「一杯 (full)」の度合いが増したことになる。一方で状況 B では，参照点から考えると水量が減少しており，つまり，「空 (empty)」の度合いが増したことになる。このように，参照点を基準として，度合いが増した方のフレーム（一杯または空）によって現在の状況（グラスの水量）を表現する，というのが参照点仮説である。

参照点仮説は，私たちの日常生活での判断を考えても，非常に説得力のある仮説である。例えば，あなたはある期限までに 10 ページのレポートを書かなければならないとする。現在，5 ページ書いたとしよう。言い換えれば，残りのページ数は 5 ページである。この状況に関して，「5 ページ書いた」，「5 ページ残っている」という 2 つの表現は論理的に全く同じであるが，進捗状況や目標に依存して，使われる表現が変わるだろう。例えば，その時点までに 7 ページ書き，残りページ数の想定が 3 ページの予定だった場合，残りのページ数が想定の残りページ数より多いので，「5 ページ残っている」と言うのではないだろうか。一方で，3 ページ書き，残りのページ数の想定が 7 ページの予定だった場合，書いたページ数が想定より多いので，「5 ページ書いた」と言うだろう (Teigen

& Karevold, 2005)。このように，参照点は話者の日常的な会話行動でも大きな影響を与えていると考えられる。

　McKenzie らは，さらに聞き手が選択されたフレームに基づいて，話者の参照点についてどのような推論を行っているのかを調べた (McKenzie & Nelson, 2003)。具体的には，話者が 500 ml 中 250 ml の水が入っているグラスの中身を「半分一杯」または「半分空」と表現した際に，グラスの中身がもともと 0 ml だったか，あるいは 500 ml であったかを聞き手に回答させると，話者が「半分一杯」と表現した場合のほうが，「半分空」と表現した場合よりも，もともとの水量は 0 ml と回答しやすいことを示した。つまり聞き手は，話者が選択したフレームから，参照点を推論しているのである。

　ここまでの議論は，語用論的な議論である[5]。この議論は，フレーミング効果のように，たとえ論理的には同じ内容であっても異なる表現法に依存して私たちの意思決定が変化することを考えていく上で重要な意味をもつ。まず，論理的に同等である表現も，聞き手にとっての意味は同等ではない。「レポートを 5 ページ書いた」と聞けば予定よりもたくさん書いているのだなと推論し，「レポートが 5 ページ残っている」と聞けば予定よりも書いていないのだなと推論する。つまり，「論理的には同じだが異なる」表現から私たちは "行間" を読み，それに基づいて対象の評価を行っていると解

---

5)　語用論 (pragmatics) では，話者が話している状況，背景，文脈などを踏まえながら，話者が発する言葉にはどのような意味があるかを考えていく。例えば，男性が好意を寄せている女性に対して，「最近，近くに美味しいイタリアンの店ができたんだよ」と言っている場面を想像してみよう。字面上は，店ができたという事実を伝えているだけである。しかし，男性は女性に対して，食事に誘っていると考えられる。このように，字面の意味以上に，私たちが読み取っている意味について考えていくのが語用論のアプローチである。

釈することもできる。

このように考えると，論理的に同じだが表現の仕方が異なる 2
つの表現が評価に影響を与えるフレーミング効果の存在は不思議で
はない。例えば，「赤身 75％」といった場合，話者はそもそもの参
照点として「赤身は 50％ くらい」のように，低い参照点を仮定し
ており，「75％」という事実をポジティブに捉えている。一方で，
「脂身 25％」という場合，「脂身は 10％」のように，脂身に関して
低い参照点をもっているため，「25％」の量をネガティブに評価し
ていることを意味する。つまり，これまでの多くの研究で示されて
いる知見（属性に関する表現法のポジティブ，あるいはネガティブ
なニュアンスに引きずられた評価を行うという知見）は，話者が参
照点に基づいて表現を選んでいることを踏まえると，その "行間を
読んだ" 結果，生み出されるものだともいえる。

以上のように，話者の行動も踏まえて，聞き手の決定や評価を分
析すると，言語表現に依存して変化する意思決定や評価は "行間を
読んだ" 理にかなった意思決定や評価である可能性が考えられる。

2.6 言語確率の方向性が意思決定に与える影響： 話者の会話行動からの再考

前節で，情報の聞き手である意思決定者は，言語表現の違いから
"行間" を読んで，評価や意思決定を行っている可能性について述
べた。つまり，言語表現に影響を受けた意思決定について考える
際，使用されている表現はどのような場面で使用されやすいかにつ
いて検討することが重要である。

2.4 節で述べた言語確率の方向性が意思決定に与える影響につい
ても同様のことが言えるかもしれない。そこで筆者らは，どのよ
うなときに肯定語，あるいは否定語が用いられるのかを検討した
(Honda & Yamagishi, 2017)。特に筆者らは，前節で述べた参照点

仮説の考え方が言語確率の使用場面にも当てはまるのではないかと考えた。

ここで，肯定語と否定語の性質についてもう一度考えてみよう。肯定語とは物事が "起こりそう" である方向に注意を向けさせ，逆に否定語は "起こらなそう" である方向に注意を向けさせる表現である。つまり，0% から 100% の間で，肯定語は 100% の方向（上昇方向）を向いており，逆に否定語は 0% の方向（下降方向）を向いている表現と考えることもできる。この点を踏まえて，以下のような状況を想定してみよう。

話者はある治療法 X が有効である確率を 50% くらいだと思っている。この話者はこのくらいの確率を伝達する際に，肯定語として「有効であることは考えられる」，否定語として「有効かどうか，やや疑わしい」という表現のいずれかを用いるとする。参照点仮説に基づけば，話者がどのような参照点をもっているかに依存して選択される表現が決まると予測される。例えば，話者は治療法が有効である確率は非常に低いものだと思っていたとしよう。つまりこれが参照点である。だが，治療法 X が有効である確率は 50% ぐらいであると知ったとする。このようなケースは，参照点に比べて上昇方向であるため，肯定語を用いて確率を伝達することが予測される。逆に，話者は治療法が有効である確率はもともとが非常に高いと思っており（つまり，これが参照点になる），治療法 X が有効である確率は 50% ぐらいだと知った場合，参照点に比べてこの確率は下降方向であるため，否定語を用いて確率を伝達することが予測される。

Honda & Yamagishi (2017) は，以下のような単純化した実験課題を用いて，上記の予測の妥当性を検証した。具体的には，赤と白の色のボールが合計 100 個入っている箱の中からボールを 1 つ引き，赤いボールを引く確率 (20%, 50%, 80%) を言語確率で伝達す

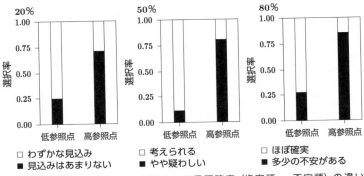

図 2.4　参照点の違いによる選択される言語確率（肯定語 or 否定語）の違い（Honda & Yamagishi, 2017）。左から 20％，50％，80％ を話者が伝達しようとしている場面を示している。白抜きが肯定語選択率，黒抜きが否定語選択率を示している。

る場面で，肯定語と否定語，どちらの表現を用いるかを尋ねた。この実験課題における参照点は，赤いボールを引く確率をもともとどのくらいだと思っていたかである。例えば，50％ を伝達する際，もともと赤いボールを引く確率を 50％ よりも低いと思っていれば参照点は低いことを意味し，50％ よりも高ければ参照点が高いことを意味する。実験の結果を図 2.4 に示す。図からも明らかなように，参照点は言語表現選択に大きな影響を与えており，低い参照点（すなわち，赤いボールを引く確率は低いと思っていた）の場合は肯定語で伝達することが好まれ，高い参照点（すなわち，赤いボールを引く確率は高いと思っていた）の場合は，否定語で伝達することが好まれた。この結果は参照点仮説からの予測と一致している。

　さらに，Honda & Yamagishi (2017) は聞き手の，話者の参照点に関する推論についても同時に検討した。具体的には，話者が 100 個入っている箱の中からボールを 1 つ引く際に，赤いボールを引く確率 (20％，50％，80％) を肯定語あるいは否定語で伝達した場合，話者は事前に赤いボールは箱の中に何個入っていると思ってい

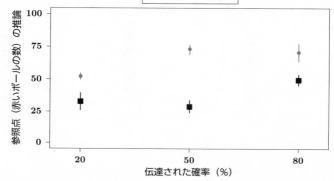

図 2.5　参照点の推論 (Honda & Yamagishi, 2017)。各ポイントはその条件における平均値。各ポイントから上下に引かれた線は平均値の推定誤差を示し，平均値は 95 % の確率でこの区間内にあることを示す。これらはブートストラップ法[6]という統計的手法によって推定された。

たか（つまり，赤いボールを引く確率に関する話者の参照点）を尋ねた。その結果を図 2.5 に記す。図からも明らかなように，肯定語で確率が伝達された場合と，否定語で伝達された場合では，推論が明確に異なり，肯定語で情報が伝えられた場合のほうが，話者は事前に低い確率を参照していたと聞き手は推論していることが明らかになった。これらの結果は，たとえ言語確率が類似した確率情報を伝達していると考えられる場合でも，話者の参照点に関して，聞き手は使用された言語確率の方向性の違いによって異なった推論を行っていることを意味する。

　このような話者の参照点に基づく言語選択，また聞き手の言語確率の方向性の違いによる異なる参照点の推論は，方向性が意思決定

---

6)　実際のデータからランダムに n 個のデータを抽出し（この際，重複を許して抽出する），この抽出されたデータの平均値を算出する。手続きを繰り返し行い，この平均値の分布を調べる手法である。ここでは，5000 回の繰り返し手続きを実施して求めた平均値と 95 % 信頼区間が記載されている。

に与える影響について興味深い示唆を与える。例えば，50% の確率を伝達する場面を考えてみよう。上の知見に基づけば，話者が肯定語を用いる場面というのは，話者が低い確率を参照している場面であり，50% を "高い" と思っているといえる。一方，否定語を用いる場面というのは，話者が高い確率を参照している場面であり，50% を "低い" と思っているといえる。つまり，肯定語と否定語が伝達する 50% の意味合いが全く異なるのである。2.4 節で述べた Teigen & Brun (1999) や Honda, Matsuka, & Ueda (2017a) の治療法を友人に勧めるかどうかの意思決定場面に与える方向性の影響は，この視点に基づけば，以下のように考えることもできる。肯定語で伝達された確率は "よい" 確率であり，否定語で伝達された確率は "悪い" 確率である。そのため肯定語で伝達された場合に，友人により勧めたいという意思決定になったのは，その治療法が "よい" 治療と解釈されたからだと考えることができる。

　以上から，言語確率の方向性に影響を受けた意思決定は以下のように考えることができる。話者は肯定語あるいは否定語を使って情報を伝達している際，その表現は闇雲に使用されているわけではない。そして，聞き手は，その表現が使われている "意味" を読み取り，それを意思決定や判断に反映させている。つまり，方向性に影響を受けた意思決定は，"行間を読んだ" 決定なのである。

2.7　まとめ

　本章では，私たちが行っている意思決定，特に伝達される表現の違いが与える影響について論じた。論理的には同じ，あるいは本質的に類似しているものの，表現のニュアンスが異なることで意思決定が影響される，つまりニュアンスの異なる表現が異なる意思決定をもたらすことは，"誘導された" 悪い意思決定だともいえる。

　しかしながら，Arkes ら (2016) は，このような "誘導された" 意

思決定がいわゆる一貫しない，ブレた意思決定であることをこれまでの研究は示しているものの，意思決定者が実際に何らかの損をする証拠はほとんど示されていないと述べている。また，私たちの日常生活から得られる実感として，話者の発した内容から行間を読むことは非常に大事である。例えば取引をしている会社に，期限内に調査レポートを提出する必要がある場面を想像してみよう。調査レポートの作成を担当している部下に進捗具合を聞いた際，「半分残っている」と返事が来た場合と，「半分終わった」と返事が来た場合とでは，「どちらも進捗としては同じ」と判断するのは適切には思えない。発せられた言葉から行間を読み，別の部下にサポートに入ってもらう，または「これまで通り，頑張ってほしい」と励ましたりと，状況の違いに応じた対応を行うことが合理的に思える。

　このように，表現の違いに影響を受けた意思決定は，"誘導された" と一概には言い切れない。私たちは，ニュアンスの違いの奥にある，情報伝達者の重要なメッセージを読み取りながら，つまり行間を読みながら意思決定をしているのである。

第3章　経験則（ヒューリスティック）の "賢い" 性質

　企業の面接を受けてきた結果，内定がもらえそうかどうかに関して，私たちはどのように判断するであろうか。私たちは面接の際の手応えや面接官の反応などから，内定がもらえそうかどうか判断し，そしてその後の就職活動のプランについての意思決定を行うのではないだろうか。また，面接官の立場で考えると，面接を受けに来た人の質問への受け答えや態度から，同僚として一緒に働いた際に気持ちよく働けるか，会社に貢献してくれるのか，などを判断し，採用か不採用についての最終的な意思決定を行うのではないだろうか。このように，意思決定のプロセスには "判断" が深く関わっている。人間の意思決定について扱う研究分野である意思決定科学では，意思決定とともに，判断についても膨大な研究が行われている。本章では，人間の判断の特徴について紹介する。

　人間の判断に関する研究において，最も研究がなされてきたトピックの一つがヒューリスティックに関する研究である。ヒューリスティックとは "親指で大雑把に測るようなやり方を使って，だいたいの正しい答えを得ること"（『MIT 認知科学大事典』(2012)，p.1097 より），"常に妥当なわけではないが多くの場合にうまくいく経験則"（『認知科学辞典』(2002)，p.697 より）のような特徴をもつ判断方法のことである。私たちは，判断や意思決定を行う際，常に十分な時間や，あるいは必要なすべての情報が手元にあるわ

けではない。つまり，限られた時間や限られた情報に基づいて何らかの意思決定や判断を行う必要がある。このような状況の下，私たちは簡便な方法として，判断や意思決定場面の状況に応じて"経験則"としてヒューリスティックを用いるのである。

　以後の節で説明するように，私たちが用いるヒューリスティックにはさまざまな性質がある。その一つは，独特な誤りを含む場合があることである。意思決定科学でヒューリスティックが盛んに研究されてきた理由の一つは，一見すると妥当と思えるヒューリスティックに基づく判断が誤りを生み出すためであり，その誤りの性質を明らかにすることが重要だと考えられてきたからである。そこでまず，3.1 節でヒューリスティックが生み出す誤りの特徴について説明する。このようにヒューリスティックは誤りを生み出す一方で，判断や意思決定を行うまでの時間が限られていたり，十分な情報がないなど，私たちが現実に置かれた状況を考えた時に，非常に有用な経験則として役に立つ。そこで3.2 節以降では，経験則としてヒューリスティックがもつ知的側面や，私たちが経験則としてのヒューリスティックをうまく活用していることを説明する。

3.1　ヒューリスティックが生み出す判断の誤り

3.1.1　典型例との類似性から考える：代表性ヒューリスティック

　次のような場面を考えてみよう。あなたは友人から，今まで一度も会ったことのない X さんのことについて，「X さんは，競馬が大好きな認知科学の研究者」だと聞いたとする。この時，あなたは X さんのことについて，何を思い浮かべるだろうか。恐らく，あなたのイメージの中にある典型的な"競馬好き"な人を思い浮かべ，そのイメージを X さんに重ねているのではないだろうか。私たちは情報があまりない場合（上の例では，X さんの情報は「競

馬好き」,「認知科学の研究者」だけである),情報が少ないことを
理由に考えることをやめてしまうわけではなく,少ない情報から可
能な限りのことを考える。

　少ない情報から可能な限りのことを考えることは人間の知的な
側面と言えるかもしれない。しかしこのような人間の認知は,独
特な誤りを生み出すことが知られている。Tversky & Kahneman
(1983) は,人間がしばしば用いるヒューリスティックとして,代
表性ヒューリスティック (Representativeness heuristic) を実験的
に示した。彼らは以下のような実験を実施した。まず,「リンダさ
ん」という仮想的な人物に関する以下のような記述を提示した。

> リンダさんは 31 歳,独身で,率直に意見を言う,頭脳明晰な
> タイプである。彼女は大学時代に哲学を専攻していた。また学
> 生時代には,差別や社会正義の問題に強い関心をもち,反核の
> デモに参加していた。

このような記述とともに,以下のような職業や日頃の活動に関する
リストも提示した。

・小学校の先生
・書店で働き,ヨガクラスに通っている
・フェミニスト運動を積極的に行っている
・精神保健福祉士として働いている
・女性有権者同盟のメンバー
・銀行の窓口で働いている
・保険外交員として働いている
・銀行の窓口で働き,かつフェミニスト運動を積極的に行っている

Tversky と Kahneman はこのリストにある項目に関して，リンダさんが行っている確率が高いと思う順でランク付けすることを実験参加者に求めた。すると，多くの実験参加者が，「銀行の窓口で働き，かつフェミニスト運動を積極的に行っている」ほうが，「銀行の窓口で働いている」よりも，リンダさんが行っている確率は高いと評価した。

　直感的に，この回答はもっともらしく思える。確かに，リンダさんの記述を読む限り，フェミニスト運動を積極的に行っていそうな印象をもつ。一方で，銀行の窓口で働いている印象はないので，「銀行の窓口で働いている」よりも「銀行の窓口で働き，かつフェミニスト運動を積極的に行っている」ように思える。しかしながら，このように考えるのは，論理的には誤りである。リンダさんが銀行の窓口で働いている確率を $P(A)$，フェミニスト運動を行っている確率を $P(B)$ とすると，「銀行の窓口で働き，かつフェミニスト運動を積極的に行っている」確率は，$P(A \& B)$ と表現できる。連言事象の確率である $P(A \& B)$ が，各事象の確率である $P(A)$ や $P(B)$ を超えることは確率的にあり得ない。このように，論理的にはあり得ない，$P(A \& B)$ が $P(A)$ よりも高いと判断してしまうこの心理現象は，連言錯誤 (conjunction fallacy) としてよく知られている（連言事象の確率判断については，コラム②を参照）。

　このような錯誤的な判断は，私たちが直感的なイメージに基づいて判断することに起因すると考えられている。リンダさんの記述を読んだとき，私たちはリンダさんのイメージについて思い浮かべる。Tversky & Kahneman (1983) によれば，リンダさんの記述は，"フェミニスト運動を積極的に行う人" の典型例を示しており，逆に "銀行の窓口で働く人" の典型例にはならないように構成されている。私たちはこのイメージに基づいて確率判断を行うため，典型的なイメージと合致する「銀行の窓口で働き，かつフェミニスト

運動を積極的に行っている」ほうが，逆に典型的なイメージとはかけ離れた「銀行の窓口で働いている」よりも確率的に高いと判断してしまうのである。このように，私たちはターゲットとなる事象の確率判断を行う際に，論理的に考えられる解ではなく，典型例との類似性に基づいて判断する。

コラム②：連言事象の確率：
リンダ問題における確率的錯誤について

　リンダ問題において，「銀行の窓口で働いている」よりも「銀行の窓口で働き，かつフェミニスト運動を積極的に行っている」ほうが高い確率だと判断するのが誤りであるのは，以下のように考えれば理解できる。コラム図1を見てみよう。四角で囲まれている部分をリンダさんの職業や活動に関して考えうるすべての事象とする。その中で，「銀行の窓口で働いている」はP(A)で表現される部分であるとする。つまり，全体の中でこの部分に該当する確率はP(A)である。同様に，「フェミニスト運動を積極的に行っている」のはP(B)で表現された部分とすると，該当する確率はP(B)である。「銀行の窓口で働き，かつ

P(A)：銀行の窓口で働いている
P(B)：フェミニスト運動を積極的に行っている
P(A & B)：銀行の窓口で働いていて、かつフェミニスト運動を積極的に行っている

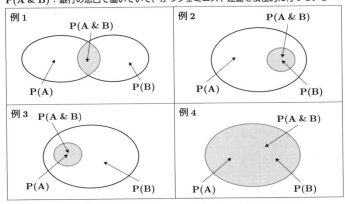

コラム図1　リンダ問題における連言事象の例と確率の概要図

フェミニスト運動を積極的に行っている」のはこれらが重なっている
グレーの P(A & B) の部分である。例 1 から例 4 までさまざまな可能
性があり，P(A) と P(B) の一部が重なっている場合（例 1），P(B)
が P(A) の部分集合になっている場合（すなわち，フェミニスト運動
を積極的に行っているすべての人が銀行の窓口で働いている（例 2））
や，その逆に P(A) が P(B) の部分集合になっている場合（すなわち，
銀行の窓口で働いているすべての人が，フェミニスト運動を積極的に
行っている（例 3）），また P(A) と P(B) が完全に重なる場合（すな
わち，銀行の窓口で働いている人とフェミニスト運動を積極的に行っ
ている人が完全に一致する（例 4））もある。ただ，いずれの場合にせ
よ，P(A&B) ≦ P(A) かつ P(A&B) ≦ P(B) が成り立つ。つまり，
論理的には，「銀行の窓口で働き，かつフェミニスト運動を積極的に行
っている」ほうが「銀行の窓口で働いている」よりも高い確率になる
ことはない。

3.1.2　思い出しやすさから考える：利用可能性ヒューリスティック

　私たちは苗字を見た際に，その苗字の人が多いか少ないかを感覚
的に理解できる。例えば，「佐藤」は非常に多いと思うし，「本田」
はそこまで多くはない，「小土井[7]（こどい）」という苗字の人はほ
とんどいない，などといったことを感覚的に理解しているだろう。
これは苗字に対する私たちの確率判断，頻度判断の例である。こ
のような判断には，思い出しやすさが関係していると考えられる。
「佐藤」という苗字の人は周りに多くおり，結果としてすぐに思い
つく苗字である。一方，「小土井」という苗字があること自体を知
らなかったという人も多いのではないだろうか。つまり，決して思
い出しやすいとは言えない苗字である。このように，私たちは「思
い出しやすさ」を一つの手がかりとして確率判断，頻度判断を行っ
ている可能性がある。

---

7)　名字由来 net(https://myoji-yurai.net) によれば，広島の東部に由来す
る苗字で，全国的に非常に少ない苗字である。

Tversky & Kahneman (1973) はこのような，「思い出しやすさ」を手がかりとしたヒューリスティックとして，利用可能性ヒューリスティック (availability heuristic) を提唱した。先述の例を考えてもわかるように，「思い出しやすさ」は，日常生活の中で私たちが対象にどの程度接触する機会があるかに相関していると考えられるので，Tversky らは生態学的に "ecologically valid（妥当）" な手がかりだとしている。ところが，実際の頻度とは関係ない要因にも影響を受けるため，独特な誤りを生み出すと指摘している。例えば，以下のような英単語に関する問題を考えてみよう。

「R」の出現頻度はどちらのほうが多いと思うか？
・単語の 1 番目で使われる
・単語の 3 番目で使われる

このような問いに関して，多くの人は単語の 1 番目で使われることが多いと判断する。しかし実際には単語の 3 番目で使用されることのほうが多い[8]。これは，1 番目に R が使われている単語は簡単に思い出せるが 3 番目で使われている単語はじっくり考えないと思い出せないからである。つまり，1 番目に出てくる単語のほうがより思い出しやすいために，1 番目で使われている単語のほうが多いのではないかと私たちは誤った判断を行うのである。

また，思い出しやすさは私たちが実世界の事象に関して，何が危険であるかの判断にも影響を与えていることが知られている。Lichtenstein ら (1978) は死因について判断させる実験を実施したところ，特定の死因に関して，強い判断バイアス（客観的な値からの強い逸脱）が観察された。例えば，トルネードは喘息より死因の

---

8) Goldstein (2018) によると，3 番目のほうが，3 倍多く使われている。

リスクとして高いと判断されやすい。しかし実際は喘息のほうが20倍リスクの高い死因である（研究されていた当時）。このようなバイアスを生み出す原因として，Lichtenstein ら (1978) は，思い出しやすさを指摘している。トルネードのニュースを目にする場合，非常にショッキングな映像とともに報道されることが多い。ショッキングな映像は印象に残りやすい。一方，喘息の場合，自分の周りにいる知人を除いては，伝え聞くことが非常に少なく，死因としての印象は弱い。結果として，死因リスクとしてトルネードは高いと判断され，バイアスが生み出される。このように，私たちは"思い出しやすさ"を基準として頻度や確率の判断を行っており，その結果としてバイアスが生み出されることがある。

3.2　ヒューリスティックはバイアスを生みだすのか

3.1 節で説明した，Tversky や Kahneman などによるヒューリスティックの研究は，人間の思考が生み出す認知的な誤りに焦点を当てた研究である。つまり，人間はいつ，どのような誤りをするのかを明らかにしたと考えることができる。これだけ見ると，ヒューリスティックは人間が判断を行う際の誤りの根源のようにも思える。しかしヒューリスティックは誤りの根源なのだろうか[9]。

　将棋の棋士である羽生善治氏は著書『決断力』(2005) の中で，人間の直感について興味深いことを述べている。羽生氏は「直感の七割は正しい」ということを述べ，特に，「直感力は，それまでにいろいろ経験し，培ってきたことが脳の無意識の領域につまってお

---

9) Kahneman や Tversky も "often useful but they sometimes lead to characteristic errors or biases（多くの場合，役に立つが，時に系統的な誤りやバイアスを生みだす）" (Kahneman & Tversky, 1996, p.582) と述べており，ヒューリスティックは多くの場面において役に立つものだと認めている。このように彼らも，必ずしも常に"誤りの根源"だと考えていたわけではないようである。

り，それが浮かび上がってくるものだ。まったく偶然に，何もない
ところからパッと思い浮かぶものではない」，「"いい結果だった"
"悪い結果だった"などの経験の積み重ねの中で，"こういうケース
はこう対応したほうがいい"という無意識の流れに沿って浮かび上
がってくるものだと思っている」と述べている（いずれも p.58 よ
り）。ヒューリスティックは直感や経験知に近いものであることを
踏まえ，羽生氏が述べる「直感」をヒューリスティックに置き換え
て考えてみると，ヒューリスティックに対して，全く異なるイメー
ジが思い浮かぶ。ヒューリスティックには，思考が見せるエラーの
みならず，人間の知的側面が反映されている可能性が考えられる。
　以下では，人間が用いるヒューリスティックの知的側面に焦点を
当てた研究について紹介する。

3.2.1　"知らない"を逆手にとる：再認ヒューリスティック

　個人がもつ知識には限りがある。例えば，世の中のあらゆる事柄
に関して，個人が知っていることはごく限られているだろう。私
たちは日々勉強し，可能な限り多くの知識を得ようと努力する。そ
して知識を増やすことによって実世界の理解が進むような気がす
る。つまり，"知らない"ことは，負の側面として考えられがちで
ある。しかし，私たちが実世界の事柄について判断する際に，"知
らない"ことが効果的に働く場合がある。以下の問題について考え
てみよう。

　　　以下の市のうち，人口が多いのはどちらの市でしょうか？
　　　・「甲府市」
　　　・「北杜市」

この問題に関して，甲府市のことは聞いたことがあるが，北杜市は

聞いたことがないという人が多いのではないだろうか（いずれも山梨県にある市である）。また，実際の人口数について知っている人は多くはないのではなかろうか。つまり，この問題に関して，私たちが知っていることは非常に限定的（"甲府市を聞いたことがある"）である。ただし，なんとなく，「甲府市のほうが人口は多いのではないか」という気がする。そしてこれは実際に正しい（人口数は，2015年の国勢調査によると，甲府市は約19万人，北杜市は約5万人である）。このように，私たちは問題に関する限定的な知識しかもっていなくても，正確な判断を行うことができる。

Goldstein & Gigerenzer (2002) は，このような課題を考える際に，私たちが再認ヒューリスティック (recognition heuristic) を使用していると主張している。再認ヒューリスティックとは，上記のような二者択一問題において，「一方を知っていて（再認できる），別のもう一方を知らない（再認できない）場合，知っているほうを選択する」（人口判断においては，知っている都市のほうが，人口は多いと判断する）といったものである。つまり，選択肢を再認できるかどうかという非常に単純な手がかりに基づいて判断や選択を行うヒューリスティックである。二者択一の選択場面において，私たちは再認ヒューリスティックを用いた選択を行っていることがさまざまな場面で示されている (e.g., Gigerenzer & Goldstein, 2011; Goldstein & Gigerenzer, 2002)。

再認できるかどうかに基づいて人口の大小判断を行うのは，一見すると非常に単純な判断方略である。このような単純なヒューリスティックによって，正確な人口の大小判断ができるのであろうか。この点について，Goldstein らは，都市の再認，実際の都市の人口数，そして都市の再認に影響を与えると考えられる新聞の記事数の関係から分析を行っている (Goldstein & Gigerenzer, 2002)。すなわち，図3.1に示すような，判断基準，媒介物，そして再認の3項

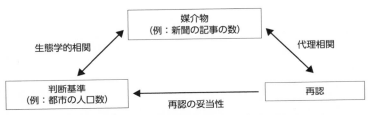

図 3.1 環境構造に基づく再認と判断基準の関係の分析 (**Goldstein & Gigerenzer, 2002**)

の関係から議論を行っている。

　判断基準とは，問題で求められる変数のことを指す。上記の例でいえば，人口数を指す（以下では，判断基準を人口数として説明を行う）。媒介物とは，人口数と関連性をもち，かつ私たちが日常生活で接するものを指す。例えば，新聞にはさまざまな都市のニュースが掲載され，そして掲載数は都市ごとに異なる。人口が多い都市のニュース数は多く，逆に人口が少なければニュースになることも少ないだろう。このように，都市の人口数とその都市が新聞の記事で取り上げられる数の間には相関関係が存在していると考えられ，このような相関関係を Goldstein らは生態学的相関 (ecological correlation) と呼んでいる。そして新聞に掲載される記事数は私たちの都市に対する認知，特に再認に影響を与える。新聞でよく目にする都市は再認率が高くなり，一方であまり名前が掲載されない都市の再認率は低くなると予測される。結果として，媒介物と私たちの再認の間には相関関係が生じる。Goldstein らは，このような相関を代理相関 (surrogate correlation) と呼んでいる。このような生態学的相関，そして代理相関という関係性を通じて，私たちの再認と人口数の間にも関係性が生じる。すなわち，再認しやすい都市は人口が多いという関係性が生じ，私たちが「再認できた」ことは，都市の人口の大小を判断する際に妥当性の高い手がか

りとなる。このような考察に基づいて，再認ヒューリスティックは生態学的に合理的 (ecologically rational) なヒューリスティックだと Goldstein らは述べている。

　Goldstein らは，これらの関係の存在を実証した。まず，米国の Chicago Tribune 誌，ドイツにおける Die Zeit 誌における都市の名前の掲載数と，その都市の人口数の関係を調べることで，生態学的相関に関して検証した。具体的には以下のような検索を行った。Chicago Tribune を用いた検索では，1985 年から 1997 年において，例えば，「Berlin」，「Germany」のように，都市名と「Germany」という単語が同時に出てくる記事数の検索を，人口が 10 万人以上いる都市に対して行った。また Die Zeit 誌を用いた検索では，アメリカの 10 万人以上が住んでいる都市に関して，その都市名を検索語として，1995 年から 1997 年における記事数を調べた[10]。結果として，予想された通り，新聞の記事数と人口数の間には強い相関があり，Chicago Tribune を用いた分析では，記事数と人口数の間の相関係数は 0.70，そして Die Zeit 誌を用いた分析では，記事数と人口数の間の相関係数は 0.72 であった。続いて，新聞の記事数と都市の再認率の関係を調べることで，代理相関について検証した。ドイツの都市に関しては 67 名のアメリカ人に，アメリカの都市については 30 名のドイツ人の大学生に再認課題（都市を聞いたことがあるかどうかを尋ねる）を実施して，回答から都市の再認率を算出した。結果として，ドイツの都市の代理相関は 0.79，アメリカの都市の代理相関は 0.86 であった。そして最後に，都市への再認率と人口数の相関関係について調べたところ，ドイツ

---

10)　以下でも述べているように，アメリカの学生に対してドイツの都市に関する再認を，またドイツの学生に対してアメリカの都市に関する再認を検討するために，アメリカの新聞でドイツの都市，ドイツの新聞でアメリカの都市について検索した。

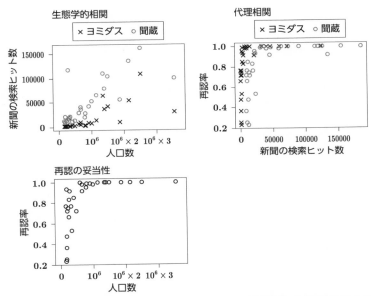

図 3.2 日本におけるデータを用いた，生態学的相関，代理相関，再認の妥当性の分析結果。これらの分析は **Honda, Matsuka, & Ueda (2017b)** のデータに基づく。

の都市に関しては相関係数が 0.60，アメリカの都市に関しては相関係数が 0.66 であった。この結果から，人口を推定する上での手がかりとしての再認の妥当性が示された。

　ちなみに，日本人ではどうであろうか。同様な分析を Honda, Matsuka, & Ueda (2017b) のデータを用いて実施した。具体的には，日本の 30 都市に関して，読売新聞のデータベースであるヨミダス歴史館，朝日新聞のデータベースである聞蔵 II を用いて，1990 年 1 月 1 日から 2010 年 12 月 31 日までの新聞記事の検索ヒット数を調べた。また同じ 30 都市に関して，107 名の実験参加者に対して再認課題を実施して，再認率を調べた。人口数と新聞記事の検索ヒット数，新聞記事と再認率，また人口数と再認率の関係に

ついて記したものを図 3.2 に記す。生態学的相関の値は，ヨミダス歴史館が 0.86，聞蔵Ⅱでは 0.85，代理相関の値は，ヨミダス歴史館が 0.88，聞蔵Ⅱでは 0.85 であり，いずれも非常に高かった。そして都市への再認率と人口数の相関係数は 0.88 であった（いずれの係数もスピアマンの順位相関係数[11]）。このように，Goldstein & Gigerenzer (2002) で主張されている生態学的相関，代理相関，そして再認の妥当性の関係性は日本のデータを用いても観察される。

　また Goldstein & Gigerenzer (2002) は，知らないことが判断に与える影響について理論的に分析している。分析法の概要は以下のようなものである。2 都市が提示されて，"どちらの都市のほうが人口は多いと思うか" という二者択一のクイズを，さまざまな都市ペアに関して回答する。この際，提示された都市を再認できるかどうかは人によって異なると考えられる。例えば，日本の 100 都市を用いて，すべてのペア（$100 \times 99/2 = 4950$ ペア）に関する問題を A さん，B さん，C さん，D さん，E さんが回答するとしよう。この 5 名は地理に関する知識に差異があり，それぞれ 100 都市のうち，0，25，50，75，100 都市を再認できたとする。つまり，都市を全く再認できない人から，完全ではないものの一定の数を再認できる人，そして完全に再認できる人がいる。そして 5 名は回答する際に，以下のような判断をする。提示された 2 都市とも知っている場合は，もっている知識を用いて回答し，一方のみを知っている場合は再認ヒューリスティックを用いて回答し（すなわち，知っている都市のほうが人口は多いと判断する），そして両都市とも知らない場合は山勘で回答（すなわち，ランダムにいずれか 1 つ

---

11)　通常，相関係数といわれるのはピアソンの積率相関係数を指すことが多い。ピアソンの積率相関係数では，2 つの変数間の直線関係の強さを指標化したものである。一方で，スピアマンの順位相関係数では，2 変数の順位関係の相関を指標化（それぞれの変数内における順位がどの程度一致しているのか）したものである。

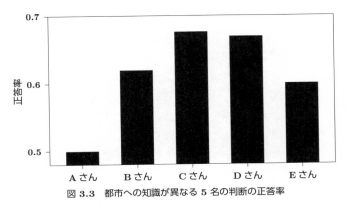

図 3.3　都市への知識が異なる 5 名の判断の正答率

の都市のほうが人口は多いと判断）する。

　それでは，誰がクイズで最もよい成績を見せるだろうか。再認ヒューリスティックは正確な判断を導くヒューリスティックであることを踏まえ，再認ヒューリスティックを用いた場合の正答率を 0.8 とし，また知識を用いて判断を行った場合，"それなりに"正確であると仮定し，正答率を 0.6 とした上で，5 名の正答率を計算したものを図 3.3 に記す。ここで興味深いのは，再認できる都市の数が半分の 50 都市である C さんが最もよい成績を収めており，100 都市を完璧に知っている E さんよりも成績がよい点である。つまり，知らないほうが成績はよくなる場合があることを意味しており，Goldstein らはこれを "Less is more" 効果と呼んだ（なお，"Less is more" 効果のより詳しい理論的背景はコラム③ →p.49 に記す）。

　"Less is more" 効果は理論的のみならず，実験的にも示されている。例えば，Goldstein & Gigerenzer (2002) は，"サンディエゴとサンアントニオでは，どちらのほうが人口は多いか" という問題をアメリカ人に尋ねた場合は約 2/3 の人が正解し，ドイツ人に尋ねた場合は 100% の人が正解すると述べている。直感的には，ドイ

ツ人よりもアメリカ人のほうがアメリカの都市に関して多くの知識をもっており，正しく判断できそうに思える。しかし実際にはドイツ人のほうがより正確な判断を行っていた。このようになる理由として，アメリカ人にとって，サンディエゴもサンアントニオも馴染みがある都市であり，両都市のことを再認できる一方，すべてのドイツ人はサンディエゴを再認でき，一方で半数の人はサンアントニオを再認できなかったことが挙げられる。つまり，多くのドイツ人にとって，再認ヒューリスティックを用いることができる問題であった。このように，再認ヒューリスティックを使用できる場面が存在すると，"知識がない" ことを逆手に取ることができ，正しい判断を行える場合がある[12]。このような，個人の知識の差異が判断に与える影響として，Snook & Cullen (2006) は，カナダ人の大学生の男女にプロのアイスホッケーリーグである NHL の選手の中から二者択一で成績がよい選手（highest career point total が高い人）を選択させるという課題を実施したところ，アイスホッケーリーグに関する知識が少ない女性の成績は男性の成績とほとんど変わらなかった。この結果についても，女性が再認ヒューリスティックを用いることができたことが理由の一つとして考えられる。

　また，このような知識の異なる人の間で生じるだけではなく，個人の中で知識が異なる領域でも "Less is more" 効果は生じる。Goldstein & Gigerenzer (2002) は，シカゴ大学のアメリカ人学生に対して，人口が多い順でアメリカの 22 の都市，また同じく人口が多い順でドイツの 22 の都市からランダムにペアを作り，二者択一で人口判断課題を実施した。直感的には，アメリカ人の学生は

---

12)　この実験がなされた当時は，サンディエゴのほうが人口数は多かった。なお 2010 年はサンアントニオのほうが人口数は多い。
（https://ja.wikipedia.org/wiki/アメリカ合衆国の主な都市人口の順位 より）

自国の都市に関する知識をより多くもっており，正しい判断ができそうである。ところが，アメリカの都市の正答率は平均71.1%，ドイツの都市の正答率は平均71.4%であり，知識量が少ない異国のドイツの都市に関する問題のほうがわずかではあるものの正答率は高かった。実際に実験参加者が提示された都市をどの程度再認できたかを調べてみると，再認できたドイツの都市の数は約半数であり，再認ヒューリスティックを活用できたペアが数多く存在していた。このように，再認ヒューリスティックを活用できることにより，知識が少ない領域でも正しい判断ができるようになる。

再認ヒューリスティックの研究は，私たちの判断に関して大変興味深い示唆を与えてくれる。特に私たちがもつ "無知" に対する直感と大きく反するような示唆が多い。"知らない" ことは常にネガティブな方向に働くわけではない。"知らないからわからない" ではなく，"知らない" ことを活用すればよいのである。再認ヒューリスティックは，"無知の知" としての知的側面をもつのである。

コラム③ : "Less is more" 効果の理論的背景

N都市を用いて考えうるすべてのペアを作り，"どちらの都市のほうが人口は多いか" という二者択一のクイズに回答するとしよう。そして都市に対する記憶は "知っている"，または "知らない" のどちらかの状態であり，N都市のうち，n都市を再認できるものとする。都市がN あるので，考えうるすべてのペアの組み合わせの数は，$\frac{N \times (N-1)}{2}$ となる。このうち，一方を知っていてもう片方を知らないペア数（すなわち，再認ヒューリスティックを用いることができるペア数）は $n \times (N-n)$ である。両方とも知っているペア数は $\frac{n \times (n-1)}{2}$ となり，また両方とも知らないペア数は，$\frac{(N-n) \times (N-n-1)}{2}$ となる。両方とも知っている場合は，自分がもっている知識を用いて回答し，また両方とも知らない場合は，山勘で回答するものとする。再認ヒューリスティックを用いて正解になる割合を α，知識を用いて正解になる割合を β とする。また山勘での正答率は，ランダム選択と変わらな

いと仮定できるので 0.5 になる。以上をもとに、このクイズで X さんの正答率は理論的に以下のように計算できる。まず、一方のみ知っているペアについて、もし X さんが常に再認ヒューリスティックを用いて判断すると仮定すると、全ペアの中で再認ヒューリスティックを使用して回答できるペアの割合は、$[n(N-n)] \div [\frac{N(N-1)}{2}]$ であり、このうち α の割合で正答になる。次に、全ペアの中で知識に基づいて回答するペアの割合は、$[\frac{n(n-1)}{2}] \div [\frac{N(N-1)}{2}]$ であり、このうち β の割合で正答になる。最後に、全ペアのうち、山勘で回答しなくてはならないペアの割合は $[\frac{(N-n)(N-n-1)}{2}] \div [\frac{N(N-1)}{2}]$ で、このうち 0.5 の割合で正答になる。これらを用いると、再認できた数 n を関数とする、N 都市用いた問題の正答率は以下のような数式で表現できる。

$$f(n) = 2\frac{n(N-n)}{N(N-1)}\alpha + \frac{n(n-1)}{N(N-1)}\beta + \frac{(N-n)(N-n-1)}{N(N-1)}0.5$$

それでは、日本の 100 都市を用いた問題に A さん、B さん、C さん、D さん、E さんが参加したとする。この 5 名は地理に関する知識に差異があり、それぞれ 100 都市のうち、0、25、50、75、100 都市を再認できたとする。α を 0.8（つまり、再認ヒューリスティックを用いて判断した際、80% の確率で正答する）、β を 0.5、0.6、0.7、0.8 と仮定して（つまり、知識を用いて判断した際の正答率を、50% から 80% の間で変動させる）、5 名の判断成績を上記の数式を用いて、

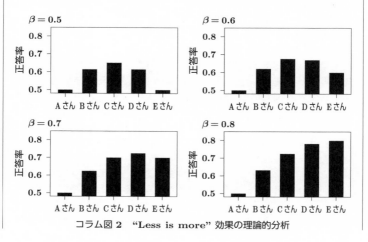

コラム図 2 "Less is more" 効果の理論的分析

理論的に算出したものをコラム図 2 に記す。直感的に考えると，"よく知っている人ほど，人口の大小判断の成績はよくなる" という関係が存在しそうにも思える。もしこの直感が正しいならば，A さんよりも B さん，B さんよりも C さん…，というように，都市の再認数と判断成績との間には単調増加の関係が存在すると考えられる。しかしこのような関係性が常に存在するわけではないことが図からわかる。特に，再認数が最も多いわけではない人が最もよい成績を収める逆 U 字の関係が存在している。これが，"Less is more" 効果と呼ばれる現象である。なお，Goldstein & Gigerenzer (2002) は，"Less is more" 効果が生じるための条件が $\alpha > \beta$ であることを，解析的に示している。

3.2.2 記憶経験に基づくヒューリスティック：流暢性と親近性

対象の再認は，何かを思い出す際の最初の段階で生じる。そして都市を再認できることにより，その都市にプロ野球チームがあるか，新幹線の駅があるか，などさまざまなことを思い出す可能性がある。再認ができなければ，"この都市のことは聞いたことがない" 以上のことはない。つまり，"再認できる" ことは私たちの記憶において最も重要な機能である (e.g., Pachur & Hertwig, 2006)。そして前節で述べたように，再認できるかどうかが判断時に適応的な手がかりにもなる。

再認以外にも私たちはさまざまな記憶にまつわる経験をする。例えば，X さんのことを呼びかけようとしているとしよう。このような時，名前を知っているはずなのに，なぜか思い出せないという経験をしたことはないだろうか。それではすぐに思い出せる場合となかなか思い出せない場合の違いは何であろうか。毎日接している家族，仕事の上司や同僚，友人等と会話する場合は，すぐに思い出せる場合が多い。一方で，日常生活においてあまり接しない人の名前は思い出すのに時間がかかる時がある。このように，"どれだけ早く思い出せるか" という私たちの日常経験は，対象に関して何ら

かの意味ある情報（e.g., 私たちが日常的にどの程度頻繁に接しているか）を反映していると考えられる。

Hertwig, Herzog, Schooler, & Reimer (2008), Schooler & Hertwig (2005) は対象への思い出しやすさ，特にどれだけ早く思い出させるかが判断に与える影響について分析を行っている。彼らはGoldstein & Gigerenzer (2002) と同様に，2つの都市が提示されて，どちらの都市のほうが人口は多いかを判断する課題で検討を行った。もし両方とも再認できた場合，再認ヒューリスティックを用いて判断することができない。このようなとき，私たちはどのように判断するであろうか。

Hertwig らは，このようなときには対象への思い出しやすさを用いて判断を行うと主張している。彼らは思い出しやすさを流暢性 (fluency) と呼び，流暢性ヒューリスティックを提案している。流暢性ヒューリスティックとは，もし対象を両方とも再認できたときに，早く思い出せたほうが判断基準に関して高い値をもっていると判断するヒューリスティックである。

例えば，町田市と山口市を見たときに，両方とも再認できたとして町田市はすぐに思い出すことができたが，一方で山口市は思い出すのに少し時間がかかったとする。このようなとき，町田市のほうが人口は多いのではないかと判断するヒューリスティックである。Hertwig らは人口判断，またそれ以外のさまざまな文脈（会社の収益，音楽アーティストの総売上）において，両方とも再認できた場合の判断パターンを流暢性ヒューリスティックによってよく説明できること，そして流暢性ヒューリスティックを用いた判断は正確になることを示している。

また私たちは，都市の名前を見たときに，馴染み深く感じる都市と，そうではない都市がある。東京に住む人にとって，町田市と甲府市，いずれの都市も再認できるが，町田市のほうが馴染み深いの

ではないだろうか。この馴染み深さの違いは，各個人の経験に大きく依存すると考えられる。例えば，個人の出身地はその人にとって馴染み深いものとなる（筆者の出身地は甲府市で，そのために町田市よりも甲府市のほうが馴染み深い）。一方で，主観的な経験以外の要因，例えば新聞・テレビ・インターネットなどの媒体によく出てくるような都市の名前は私たちにとって馴染み深いものになるだろう。つまり，私たちが感じる馴染み深さも思い出しやすさと同様に，対象に関して何らかの意味のある情報が反映されていると考えられる。

そこで筆者らは対象への馴染み深さ (familiarity) が判断に与える影響について検討を行った (Honda, Abe, Matsuka, & Yamagishi, 2011; Honda, Matsuka, & Ueda, 2017b)。筆者らもこれまでと同様に，2 つの都市が提示されて，どちらの都市のほうが人口は多いかを判断する課題で検討を行い，親近性ヒューリスティック (familiarity heuristic) を提案した。これは，2 つの対象に関して，より馴染み深いものが判断基準に関して高い値をもっていると判断するヒューリスティックである。例えば，町田市と甲府市に関して，町田市のほうがより馴染み深いと感じるならば，町田市のほうが人口は多いと判断する，というものである。筆者らはこのヒューリスティックに従った人口判断パターンがしばしば見られることを示し，また対象への親近性は人口を判断する上で有益な手がかりになることを示した。

このように，私たちは再認だけではなく，思い出しやすさや馴染み深さといった，一見すると単純に思えるような手がかりを判断時に用いている。またさらに重要なことは，この単純な手がかりを用いた判断がかなり正確になることである。

3.3　ヒューリスティックはいつ使われるのか

　ヒューリスティックは，経験則の一種であることを先に述べた。ここでは経験則について考えてみたい。経験則は，「経験上，そう言える」といったものであり，"経験上，この場面は…のように判断すると上手くいくだろう"，"…のように考えるのが正しいだろう"といった類のものである。それでは，この経験則を私たちはいつ使うのであろうか。

　次のような例を考えてみよう。ある街へ旅行で初めて訪れたとしよう。ホテルに荷物を置いて，夕食に出かけた。せっかくなので，その土地の美味しいものを食べたい。どこかで食事しようと思い，スマートフォンで調べようとしたらホテルに忘れてきたことに気づいた。しかしホテルまで戻るのは面倒だ。仕方がないので，ブラブラ歩いてみると，自分の好みに合いそうな雰囲気のＡという店とＢという店を見つけた。店の中をよく見てみると，Ａ店は多くのお客さんで賑わっている（でも，座る席はある）。一方，Ｂ店にお客さんはほとんどいない。さて，このような状況でどちらの店に入るだろうか。多くの人はＡ店に入るのではないだろうか。これは，私たちが，"店が混んでいるのは，人気があるからだ。きっと美味しいに違いない"と考えるからである。いわば，"混んでいる店は美味しいヒューリスティック"に基づく選択である。

　また，以下のような別の状況を考えてみよう。以前，上司（日本各地のことに非常に詳しく，またそれぞれの土地の美味しい店のことをよく知っている）が「日本酒も酒の肴も本当に美味しいＢという店がある」と話していたのをふと思い出したとする。このような場合，たとえＡ店のほうが混んでいたとしても，"上司が美味しいという店に間違いはないから，Ｂにしよう"と考え，Ｂを選ぶのではないだろうか。このような場面では，"混んでいる店は美味しいヒューリスティック"を私たちは使わない。

私たちが経験則を用いる場面というのは，先述の例からもわかるように，知識が極端に不足している時，また不確実性が非常に高いことが理由で，判断や意思決定などに困難を覚える時である。"混んでいる店は美味しいヒューリスティック"で店を選ぶのは，その旅行先に関する知識がほとんどなく，A店とB店から最終的に1つを選ぶのが困難だからである。一方で，上司の話を覚えていた例では，B店に関する知識をもっているために，それに基づけばB店に決めることは難しいことではない。つまり，"どのように決めたらいいかわからない"，"どのように考えたらいいかわからない"，そういった"困難さ"を感じるとき，私たちは経験則を用いるのである。

　この例は，Kahneman & Frederick (2005) がヒューリスティックの使用に関する一般的特徴として述べている属性代替 (attribute substitution) という考え方と整合的である。属性代替とは，私たちが何かの問題を解こうとしている際，問題に関する属性（kahneman らは target attribute と呼んでいる）を考えることが容易ではないときに，その属性に関連し，そして妥当な回答を与えてくれそうな属性（kahneman らは heuristic attribute と呼んでいる）に"代替"して，無意識に後者を用いて回答してしまうことを指す。彼らはその典型例として，Strack, Martin, & Schwarz (1988) の研究を挙げている。Strack らは大学生に対して，質問 (A)"生活全般を考えて，どのくらい幸せだと思うか"と，質問 (B)"先月，何回デートをしたか"という2つの質問を行った。質問 (A) は，回答するのが難しい質問である。このような質問をされたら，"そもそも，幸せってなんだろうか"などと考えてしまいそうである。学業や仕事がうまくいっているか，家族関係・友人関係・異性関係などの人間関係はうまくいっているか，経済状態はいいか，健康か，など，さまざまな要因によって決まりそうであり，また考え

方も人によってまちまちだろう。一方で，質問 (B) は単純な質問である。Strack らはこの 2 つの質問を (A)–(B) の順番で聞いた場合と，(B)–(A) の順番で聞く場合における，それらの回答の相関を比較した。すると，(A)–(B) の順で聞いた場合は，相関がほとんど見られなかった。しかし (B)–(A) の順で聞くと，0.66 という非常に高い相関が観察された。(A)–(B) の順で聞いた場合，恐らく学生は (A) の難しい質問に関して，先に挙げたような，さまざまな側面から考慮しながら回答したのであろう。結果として，質問 (B)との相関がほとんど見られなかったと考えられる（先月のデートのことなどほとんど考えなかったと結果から推測される）。一方で(B)–(A) の順で聞くと，難しい (A) の質問は，一見関係ありそうで（実際，生活全般の幸福に部分的に関係するだろう），かつ簡単にイメージしやすい異性関係の問題に置きかえて回答したと考えられる。Kahneman らはこのようなプロセスが人間のヒューリスティック使用の一般的特徴だとしている。

　筆者らはこの点を，都市の人口数に関する二者択一課題を用いて実験的に検証した (Honda, Matsuka, & Ueda, 2017b)。先行研究では都市のペアの性質について，あまり議論はなされてこなかった。筆者らは都市ペアの性質の違いについて詳細に分析を行い，課題遂行時の判断プロセスについて検討した。特に，属性代替の考え方に基づき，"主観的に難しいと思える問題に関して，人はヒューリスティックを用いる" という仮説の検証を行った。それでは，二者択一の人口推定において，主観的な困難さを決定する要因はどのようなものであろうか。人口数の大小を判断する課題なので，実際の人口数が近ければ判断は難しくなるだろうし，人口数に大きな差があれば簡単に感じるに違いない。

　そこで，表 3.1 のような 2 つのリストを用意し，それぞれのリストで，考えうるすべてのペアを作成した（15 都市あるので，全ペ

表 3.1 Honda, Matsuka, & Ueda (2017b) で用いた 2
つの都市リスト

難易度高	難易度低
川口市	横浜市
町田市	大阪市
郡山市	名古屋市
高崎市	札幌市
津市	神戸市
佐世保市	京都市
八戸市	福岡市
松本市	広島市
日立市	仙台市
山口市	千葉市
高岡市	新潟市
今治市	浜松市
都城市	熊本市
大垣市	岡山市
足利市	鹿児島市

アは (15 × 14)/2 で 105 ペア）。各ペアの人口数の差を図 3.4 に示
す。図からも明らかなように，2 つのリストではペア間の人口数の
差は大きく異なる。難易度高リスト内における差の中央値は約 9
万人，難易度低内における差の中央値は約 70 万人であった。この
ようにペア間における人口数の差には明確な違いがあり，難易度高
リストから作成されたペアのほうが回答するのは難しいと考えられ
る（なお，実際に二者択一問題がどのくらい難しく感じたかを尋ね
たら，難易度高リストから作成されたペアのほうが難しく感じられ
るという回答が得られている）。筆者らは，流暢性ヒューリスティ
ック（ペアの都市のうち，早く思い出せたほうの人口数が多いと判
断する），親近性ヒューリスティック（ペアの都市のうち，馴染み
深いほうの人口数が多いと判断する），"知識"（ペアの都市に関し
て知っている知識に基づいて人口数の大小を判断する），という 3
つの判断に関する認知モデルが問題の回答パターンをどの程度よく

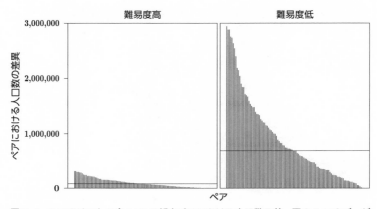

図 3.4　2 つのリストの全 105 の都市ペアにおける人口数の差。図の 1 つのバーが 1 ペアの人口数の差を示している。この図では，差が大きいものから順に左から並べている。図中の実線は，リスト内での人口数の差の中央値を示す。

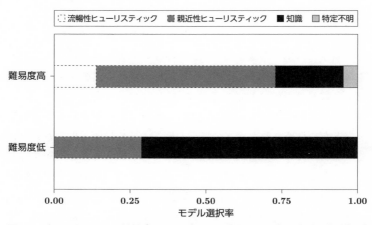

図 3.5　各リストにおける判断パターンを最もよく説明するモデルの割合。「モデル選択率」とは，3 つの判断モデルの中で，実験参加者の判断パターンを最もよく説明できるモデルとして選択された率を示す。「特定不明」は 3 つの判断モデルの中で，判断パターンをよく説明できるモデルがなかったことを意味する。なお，点線で囲まれた領域がモデルの予測からヒューリスティックを用いていたと考えられる実験参加者の割合を示す。

説明できるかを検証した（なお，モデルに基づく分析法については
コラム④で詳述する）。

　その結果を図3.5に示す。この図の点線で囲まれた領域がモデル
の予測からヒューリスティックを用いていたと考えられる実験参加
者の割合を示す。図からもわかるように，それぞれのリストで判断
パターンを最もよく説明するモデルは大きく異なる。難易度高リス
トでは親近性ヒューリスティックを用いた判断が最も多く行われ，
一方，難易度低リストでは知識を用いた判断が行われているという
結果が得られた。これは，先に述べた属性代替の考え方と一致する
結果だといえる。

　このように，私たちは常にヒューリスティックを用いているとい
うわけではない。私たちは，問題に対して難しいと感じる場合にヒ
ューリスティックを用いるのである。

コラム④：モデルに基づく判断プロセスの分析

　私たちの判断のプロセスは非常に複雑である。2都市を提示されて
どちらの都市のほうが人口は多いと思うかという比較的単純と思える
問題についても，私たちが行う判断プロセスを厳密に分析しようとす
るのは非常に難しい。そこで，私たちが行っていると考えられる判断
について，"モデル"という形で判断プロセスを表現し，実験参加者の
判断パターンの説明を試みる。もし，モデルが判断パターンをよく予
測できるのであれば，その実験参加者がそのモデルで表現されている
ようなプロセスで判断を行っていると考える。このような形でモデル
による判断プロセスの分析がなされる。ここでは，流暢性ヒューリス
ティック，親近性ヒューリスティック，そして知識に基づく判断，3
つのモデルについて具体的に説明を行う。

　まず流暢性ヒューリスティックは，先に思い出せた都市のほうが人
口はより多いだろうと考えるヒューリスティックである。流暢性ヒ
ューリスティックではHertwigら(2008)に基づいて，以下のように
モデル化を行った。都市を思い出す速さは，再認課題で測定した。具
体的には，都市名を提示して，その都市を知っているか否かの判断を
求めた。この判断にかかった時間を，"その都市を見た時に思い出す

速さ"として操作的に定義し，"流暢性"と考えた。そして，この操作的に定義された流暢性から，判断は次のように予測した。例えば，都市X，Yの思い出す速さがそれぞれ250ミリ秒，500ミリ秒だった場合，都市Xのほうが人口は多いと判断すると予測した。

　親近性ヒューリスティックとは，より馴染み深い都市のほうが人口は多いと考えるヒューリスティックである。親近性ヒューリスティックは，以下のようにモデル化した。どの程度都市をよく知っているかを尋ね，その評定値（1：全く知らない〜100：非常によく知っているの100段階）を都市に対する馴染み深さと操作的に定義した。そして，この操作的に定義された馴染み深さから，判断は次のように予測した。例えば，都市X，Yの馴染み深さが，それぞれ25，60だった場合，都市Yのほうが人口は多いと判断すると予測した。

　知識に基づく判断とは，都市を見た際にその都市にまつわる具体的な事柄を思い出し，それに基づいて人口数を推定するというものである。このような判断を以下のような形でモデル化した。都市に対して，人口数を具体的な数値として推定してもらい，この数値は，実験参加者がその都市に対してもつ"知識"を表していると操作的に定義した。そして判断はこの数値に基づいて予測した。例えば，都市X，Yの人口数の推定値が20万人，5万人の場合は都市Xのほうが人口は多いと判断すると予測した。人口数の推定は，具体的な知識に基づいてなされると考えられる。例えば，「大阪市」と見て，「関西で一番大きな都市」と思い出したならば，推定値として高い数値を書くと考えられる。または，「新幹線が止まる駅がある」，「プロのサッカーチームがある」など，人口数を考えていく上で，手がかりになりそうなことを思い出した場合も，高い推定値を書くと考えられる。逆に，「過疎化が進んでいる都市」，「地方都市」など，人口が多くない，と考えられるような事柄を思い出したならば，推定値は小さくなると予測される。このように，人口数の推定値はその人が都市に関してもつ知識を反映するものと仮定し，その値に基づいてモデル化を行った。

このように構成した3つのモデルそれぞれの予測パターンと実験参加者の判断パターンの一致度から，実験参加者の判断を最もよく説明できるモデルを推定した。

3.4　経験則としてのヒューリスティックの有用性

　それでは，ここでいま一度，使用場面の観点からヒューリスティックの有用性について考えてみたい。私たちが難しいと感じたときにヒューリスティックを使うことは正しいのであろうか。この点に関して，Honda ら (2017b) は以下のような方法を用いて検討を行った。もし私たちがある判断プロセスに従って（例えば，親近性ヒューリスティック）判断したと仮定した場合，どの程度その判断が正確になるのかを知ることができればよい。そこで Honda ら (2017b) は各参加者の，都市の思い出しやすさ，馴染み深さ，再認，そして知識に関するデータを用いて，統計的に判断プロセスを表現するモデルを立て（前述の 3 つのモデルに加えて，再認ヒューリスティックに基づくモデルも立てた），これらのモデルを用いて，"もし実験参加者がこの判断モデルが表現するようなプロセスに従って判断をするのであれば，都市 A/B が提示された場合，都市 A が人口の多い都市として選択される" といった形で，各判断モデルに従った場合の最終的な選択を予測し，難易度高リストと難易度低リストそれぞれの全組み合わせである合計 105 問の正答率を実験参加者ごとに算出した。つまり，各判断モデルがどの程度正しい判断，つまり二者択一の人口判断課題で人口が多い都市を正しく選択するか，という理論上の値を算出し，各判断の方法が生み出す判断の正確性について分析した。

　判断方法の性質を理解する上で，正確性は重要な指標であるものの，これだけでは不十分である。例えば，再認ヒューリスティックはこれまで述べてきたように，かなり正確な判断を生み出す一方で，使用できる場面は，一方の選択肢が再認できて，もう一方の選択肢が再認できないケースに限られる。両方の選択肢ともに再認できた場合は使用できない。また親近性ヒューリスティックも，2 つのペアに対する馴染み深さが同程度であれば，用いることはでき

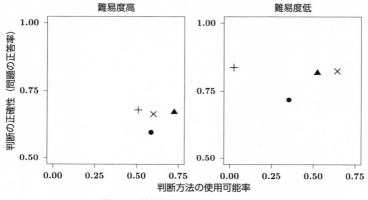

図 3.6　判断方法の有用性に関する分析

ない。ある判断方法がどんなに正確であったとしても，ほとんどの場面で使用できないのであれば，それは必ずしも有用な判断方法とは言えないだろう。このように，どの程度判断方法を使用できるのかという使用可能率は，判断方法の有用性を考えていく上で重要な指標となる。そこで，正確性と同時に，判断方法の使用可能率（全ペアである 105 ペアの中で，ある判断方法に従って判断ができるペアの割合）についても算出し，判断方法の有用性を分析した。図3.6 にリストごとの正確性と使用可能率を算出した結果を示す。まず，判断の正確性に関しては，いずれのリストでも，判断方法による大きな違いはないことがわかる。直感的には知識を使うほうが正確になりそうにも思えるが，ヒューリスティックも正確な判断になりうる。一方で，使用可能率については違いが見られた。難易度高リストでは親近性ヒューリスティックの使用可能率が最も高く，難易度低リストでは知識に基づく判断の使用可能率が最も高かった。

この結果を，先に示した難易度高リストでは，ヒューリスティックモデルが人間の判断パターンを最もよく説明でき，難易度低リストでは知識に基づく判断モデルが最もよく説明できたという結果と合わせて考えると，以下のようにまとめることができる。難しく感じる問題をヒューリスティックで回答するのは，そもそも知識で回答できる場合が相対的に少ないからだと考えられる（そもそも，知識がないから難しく感じると言えるかもいれない）。そして代わりにヒューリスティックで判断することになるが，ヒューリスティックの正確さは知識と遜色ない。つまり，私たちは知識が足りなくて難しく感じる問題には，ヒューリスティックを用いることで正確に回答できていると考えられる。

3.5　まとめ

本章では，私たちが用いるヒューリスティックの性質について説明を行った。ヒューリスティックは経験則的な，非常に単純な判断方法である。完璧ではないため，特有の誤りを生み出す。しかし同時に，非常に有用な性質がある。また人間は常にヒューリスティックに頼って判断をしているわけではない。十分な情報や知識を有する場合は，それを最大限に活用する。しかし情報や知識が不十分でどのように考えたらよいかわからないようなときに，経験則としてヒューリスティックを用いているのである。

ヒューリスティックの性質は単純ではない。どのような誤りを生み出すのか，どのようなときに正確になるのか，また人はどのようなときにヒューリスティックを用いるのか，このような多面的な視点から分析を進めることによって，経験則であるヒューリスティックの真の理解につながる。

忘れて，誤ることで
よい判断を生み出す

第4章

認知心理学・認知科学において，記憶は研究が盛んなトピックの一つである。認知心理学・認知科学の教科書を開けば，記憶の説明に1章分（場合によっては，複数の章にまたがって）ページが割かれていることが多い。例えば，英語の認知心理学の教科書である "Cognitive Psychology: Connecting mind, research, and everyday experience" (Goldstein, 2018) では，全13章のうち，記憶に関わる章として，"Short-term and working memory"，"Long-term memory: Structure"，"LTM: Encoding, retrieval, and consolidation"，"Everyday memory and memory errors"，と4つも章が設けられている。それほど，記憶は人間の認知において重要な役割を果たすと考えられていると言えよう。

人間の記憶は完全ではない。覚えたことを忘れ，また実際にあったことを「ない」と思ったり，なかったことを「あった」と思うこともある。人間の記憶がもつこのような性質は，直感的には負の側面のように思われる。それでは，この記憶の負の側面を人間がもたなかったとしたら，人はどのような生活を送れるのであろうか。まず，「忘れる」ことが私たちの日常生活に与える影響について考えてみよう。私たちは何かを覚えようとするとき，頭の中に定着するまで何回も繰り返し学習する。もし忘れることがなければその必要はなくなり，学習時間を大幅に短縮できる。また，忘れることがな

ければ，約束をすっぽかすようなこともなくなり，また人の名前を忘れることもない。そのような人は誠実に映り，他人からの信頼も厚いであろう。次に，記憶の「誤り」が私たちの日常生活に与える影響について考えてみよう。私たちが他者とコミュニケーションを行う際，「言った／言わない」で揉めることがある。例えば，仕事の依頼に関して，頼まれた側は「そんなこと頼まれていない」と言い，頼んだ側は「1ヶ月前にメールしたはずだ」とお互いが異なることを言っているような状況である。確認してみると，頼んだ側がメールを送ったと思っていたものの，実際は下書きを書いただけであり，送信することを忘れていた。こんな経験をした人もいるのではないだろうか。このような記憶の誤りは，仕事の進捗にも，また仕事を依頼する側とされる側の間の信頼関係にも悪影響を及ぼす。

　このような記憶の不完全さによる悪影響がさまざまな場面で生じうることを考えると，記憶に不完全さがなければ，私たちはミスのない，快適で効率的な日常生活を送れるかもしれない。しかしながら，記憶の不完全さは私たちが日常生活を送る上で，本当に負の側面しか持ち合わせていないのであろうか。人間の心理的なメカニズムは両極的な側面をもつことが多い。例えば，人間の視覚システムは錯視と呼ばれる目の錯覚を生み出す。この現象は，私たちの視覚システムが外界の物理情報に関して，誤った理解を生み出す一つの証拠である。しかし，この事実に基づいて私たちの視覚システムが適応的ではないと捉えるのは早計である。私たちの視覚システムは外界の，非常に膨大で複雑な情報を適応的に処理，理解していることが知られている (e.g., Changizi, 2009)。

　人間の認知的メカニズムは，「誤りを生み出す，非適応的なものである」あるいは「効率的な処理を行う，適応的なものである」といった二分法で議論できるほど単純ではない。一見すると非適応的と考えられるような場合でも，その背後に適応的な機能が存在して

いる場合がある。そこで本章では，忘れること，また記憶における誤りがもつ適応的機能について，判断場面を例にして紹介する。

4.1 人はなぜ忘れるのか：記憶容量の効率的活用という視点から見る人間の記憶システム

　私たちは日々，さまざまな情報に触れながら生活を送っている。ただし，すべての情報が重要というわけではない。例えば，認知科学分野の大学院生や研究者にとって，「短期記憶」，「長期記憶」，「ワーキングメモリ」といった記憶に関する専門用語は，この分野で研究を行う限り頻繁に出くわす単語であり，覚えておくべき単語である。「長期記憶って何だっけ？」などと，出くわすたびに単語の意味を調べるのでは研究を進める上で効率が悪い。一方，一般企業で財務を担当しているXさんのことを考えてみよう。Xさんが日常的に関わる仕事で，「短期記憶」，「長期記憶」，「ワーキングメモリ」といった単語に触れることはほとんどないだろう。例えば，Xさんがたまたまインターネットの記事でこれらの単語に出くわし，単語の意味を知ったとしても，Xさんがその後の生活，特に仕事場面で再び出くわすことは非常に稀だと思われる。したがって，これらの単語の意味を忘れたからといって大きな影響はないと考えられる。

　このように，情報の中には覚えておくべきものもあれば，今後，ほとんど使うことがないので覚えておかなくてもよい情報もある。もし私たちの記憶容量が有限ならば，今後頻繁に使う情報は覚えておき，一方で今後ほとんど使わない情報は捨ててしまったほうが，有限のリソースを有効に活用するという意味で，効率的だと考えられる。Anderson & Schooler (1991) はこの点について大変興味深い分析を行っている。彼らは人間の記憶，特に忘れ方と環境の性質の関係について調べた。

人間の記憶は特徴的な性質をもっている。例えば古典的な研究として，Ebbinghaus の研究が有名である。彼は，自分自身が実験参加者となり，"DAX"，"QEH"，"LUH" といったような 13 の無意味音節からなるリストを覚えるのにかかる時間を測定した。その後，一定の時間をおいた後で，このリスト内を思い出そうとする。このとき，内容を忘れ，間違えた場合は再学習し，覚えるのにかかった時間を再び測定した。リストを再び学習する際，初めて学習した際の記憶が残っている場合は，学習時間が短縮される。この短縮時間を節約率として考える。例えば，初めて目にするリストを覚えるのに 1000 秒かかったとする。そして 2 回目にかかった時間が 400 秒の場合，600 秒の学習時間が節約できたと考え，節約率を $600/1000 = 60\%$ とする。つまり節約率が高いということは，情報が記憶として保持されていたことを意味している。例えば節約率 100% というのは再学習に時間が全くかからず，情報を完全に覚えていたことを意味する。逆に節約率 0% は初回の学習と同じ時間がかかっており，情報を完全に忘れていたことを意味する。したがって，節約率と経過時間の関係を見ることで，私たちの忘れ方の特徴を理解できる。この節約率と最初の学習からの経過時間の関係を図 4.1 に示す。図からもわかるように，私たちの忘れ方は特徴的であり，節約率が最初の 2 日で急激に減少し，その後，節約率は横ばいに近い状況となる。つまり，私たちは最初の 2 日程度で，覚えた内容を急激に忘れてしまうことを意味している。

　それでは，なぜ私たちはこのような忘れ方をしてしまうのだろうか。Anderson & Schooler (1991) は，私たちの生活で，特に記憶に関係する環境の性質について分析を行った。ここで，都市名について考えてみよう。私たちはすべての都市名に等しく触れるわけではない。都市名の触れ方には偏りが存在しており，またそれが都市の再認に影響を与えている（第 3 章参照）。このように，私たちが

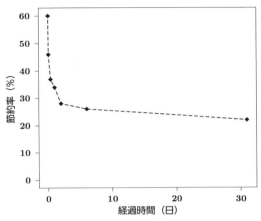

図 4.1　経過時間と節約率の関係。Ebbinghaus (1913) を参考に作成。

生活している環境の中で，情報にどのような頻度で接しているのか
という点と，同時に私たちがもつ記憶の性質を分析することで，環
境の性質と私たちの記憶の関係について理解できる。そこで，100
日間に出現した単語を調べ，101 日目に出現した単語が直前 100 日
間のいつ出現したのかを調べた。その結果を図 4.2 に記す。図から
もわかるように，101 日目に出現した単語の多くは，その直前にも
出現している。一方で，かなり前に出現した単語が出現する確率は
非常に低い。

　図 4.2 のデータは，私たちが生活している実世界の環境におい
て，どのような情報を "覚えておくべきか" を示唆している。私た
ちが現在目にしている情報は，今後また目にする確率が高いので，
覚えておくのがよいことを意味している。一方で，かなり前にしか
目にしていない情報は，今後出くわす確率が低いので，わざわざ覚
えておく必要性は低いことを意味している。したがって，無限では
ない記憶容量を効率的に使うのであれば，直前に目にした情報をし

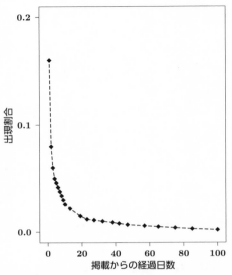

図 4.2　101 日目に出現した単語が直前に掲載された日からの経過日数と，その確率。Anderson & Schooler (1991) を参考に作成。

っかりと覚えておき，かなり前に目にしただけの情報は忘れてしまうのが効率的であるといえる。これは図 4.1 で示されている私たちの忘れ方の特徴と類似している。つまり，私たちが忘れるのは，今後必要になる可能性が低い情報を "捨てる" 行為という興味深い解釈ができる。

　この解釈は忘れ方の性質と情報の触れ方との相関関係に基づくものであり，直接的な因果関係を示しているわけではない。そのため，解釈には注意が必要である。しかし両者の関係性は大変興味深い。私たちは，実世界における情報の触れ方に適応した形で忘れていることを Anderson & Schooler (1991) の分析は示唆している。

4.2 忘れることが判断に与える影響：
認知モデリングの手法を用いた分析

前節で示したように，記憶容量を効率的に使用するという視点から見たときに，私たちは情報に接する頻度に適応した形で忘れている可能性について紹介した。それでは，忘れることは判断にどのような影響を与えるのであろうか。ここでは，第3章で紹介した再認ヒューリスティックの使用に忘れることが与える影響について，認知モデリング[13]の手法を用いて分析している Schooler & Hertwig (2005) の研究を紹介する。

第3章で説明したように，私たちは都市の名前をランダムに覚えているわけではない。新聞に代表されるようなメディアによく取り上げられる都市名をよく覚えており，結果として人口数が多い都市のことはよく知っている傾向にあることを述べた。そして，二者択一の人口判断を行う際，一方の都市のみが再認できるときにその都市のほうが人口は多いと判断する再認ヒューリスティックを用いることで，かなり正確な判断ができることを説明した。

この判断において，忘れることは重要な役割を果たしていると考えられる。例えば，私たちは日々，さまざまな情報に触れる中で，「広島市」のことについても触れる機会があるだろう。「広島市」を目にした際，「広島市」という名前は私たちの記憶に刻まれ，「知っている」という状態になるはずだ。その後，広島市のことについ

---

13) 第3章コラム④ →p.59 で説明したように，私たちの判断プロセスは非常に複雑である。特に，ここで検討したいことは，判断プロセスのみならず，記憶の性質についても考慮しなければならず，さらに複雑なプロセスとなる。そこで，これらのプロセスについて，これまでの認知科学や心理学の知見に基づいて "モデル" という形で表現する。そして，モデル内の変数を操作することにより，その変数の影響について分析する。例えば，ここでは忘れることが判断に与える影響を分析したいので，忘れる度合いについて表現する変数を操作し，判断パフォーマンスがどのように変化するのかを調べる。

て触れる機会がなければ，記憶が薄れ，いずれは「聞いたことがない，知らない」という状態に戻るだろう。このような記憶の変化は「忘れる」という機能をもつから生じるといえる。もし忘れなければ，一度目にしたものはすべて覚えていることになる。再認ヒューリスティックは，いつも使用できるわけではなく，一方だけ知っているときに活用できるヒューリスティックである。つまり，もし私たちが一度目にしたものを忘れないのであれば，再認ヒューリスティックを使用できる場面が非常に少なくなってしまう（場合によっては全くなくなってしまう）ことから，忘れることは私たちの判断に大きな影響を与えていると考えられる。

　それでは，忘れることは，再認ヒューリスティックの使用に対して具体的にどのような影響を与えるのであろうか。この疑問について厳密な議論を行うためには，以下のような検証をしなくてはならない。例えば，AさんとBさんという2人の人物がいたとする。この2人の記憶を比べると，Aさんのほうが忘れっぽいとしよう。しかしそれ以外は全く同じ認知能力をもっているとする。そして，この2人を全く同じ環境で生活させ，日々の生活の中で触れる情報を等しくする。このような条件のもと，二者択一の人口判断問題を行ったときのパフォーマンスを比較することで，忘れることが判断に与える影響を厳密に分析できる。

　しかしながら，このような検証を行うことは現実的に不可能である。まず，記憶以外の認知能力がすべて同じであるAさんとBさんを探すことが現実的には不可能である。ほかの認知能力（例えば，言語能力や計算能力）が判断に影響を与える可能性も十分に考えられるので，もし判断のパフォーマンスが異なる場合，その違いは何に起因しているのかを厳密に特定することが難しい。また，AさんとBさんを全く同じ環境で生活させることも現実的には不可能である。このようなとき，認知モデリングによる理論的な検証が

有効な方法となる。ある認知能力をもつと仮定された人が，ある環境下で生活した場合（例えば，情報に触れて都市に関する知識を身につけていく場合）に，その人がどのような認知パフォーマンスを見せるのかを厳密に検証できる。特に，ここでは忘れ方の度合いのみを変化させ，その上で忘れ方の度合いが判断のパフォーマンスにどのような影響を与えるのかについて，厳密に検証可能となる。

Schooler & Hertwig (2005) は ACT-R という統合認知の理論 (Anderson, 2007) を用いて，上記の検証を行った。ACT-R によってシミュレートされた人（以後，A さんと呼ぶ）は次の通りである。なお，ここでは概要のみを説明し，詳細についてはコラム⑤→p.75 に記す。A さんは，都市に関する情報に触れ，知識として身につけていく。この知識は新聞やインターネットに代表されるようなメディアを通じて身につけられるものと仮定する。また A さんはある記憶能力をもっているとする。つまり，A さんが情報に触れ知識を身につけるプロセス，また記憶能力に関して，モデル化がなされている。A さんの認知は，認知能力を表現するいくつかのパラメータで表現されているので，分析したい認知に関わるパラメータを操作し，一方で別の認知能力に関するパラメータを統制しながら，異なる A さんを作り出すことが可能になる。このような手続きにより，分析したい認知能力がパフォーマンスに与える影響を厳密に分析できる。

そこで，忘れることが判断に与える影響を分析するために，知識を身につけるプロセスは全く同じとした上で，忘れ方を変化させた場合に，判断がどのように変わるかを分析した。具体的には，Honda, Matsuka, & Ueda (2017b) のデータを用いて，日本の 30 都市に関する知識獲得プロセスをシミュレートし，忘れ方が二者択一の人口判断（30 都市から作られるすべてのペアである 435 ペアに対する判断）に与える影響を分析した（なお，Honda, Matsuka,

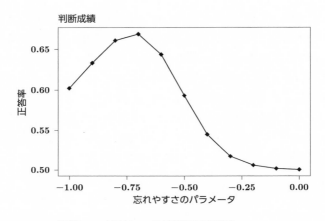

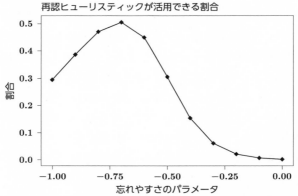

図 4.3　**ACT-R** によるシミュレーションの結果。忘れやすさのパラメータの値において，−1 は非常に忘れやすく，0 は忘れにくいことを意味する。

& Ueda (2017b) の詳細については，第 3 章の 3.2 節を参照)。

　このシミュレーションの結果を図 4.3 に記す。この図では，忘れやすさのパラメータ（−1 は非常に忘れやすいことを意味し，0 に近づくにつれて忘れにくくなることを意味する）と判断成績（上図），および再認ヒューリスティックをどの程度使用できたか（つ

まり，435 ペア中，再認ヒューリスティックを用いた判断ができた割合（下図））を示している。この結果で興味深いのは，パラメータの値が −0.7 付近で判断成績が頂点となる逆 U 字の曲線を描いていることである。つまり，非常に忘れやすい人や非常によく覚えている人に比べて，"ある程度" 忘れるような人の判断成績が最もよかった。このように，忘れることが判断に対してポジティブな効果を与えている（忘れすぎはよくない点にも注意）。このことは，再認ヒューリスティックの使用と密接にリンクしており，パラメータ −0.7 付近で再認ヒューリスティックが最も使用できている。前章で述べた通り，再認ヒューリスティックは正確な判断を生み出すヒューリスティックであることを踏まえると，"ある程度" 忘れることによって，正確な判断を生み出す再認ヒューリスティックが活用できる場面は増え，結果として判断成績がよくなることをこれらの結果は示している。

　以上のように，忘れることは判断にポジティブな影響を与えうる。直感的には忘れることが判断に対してネガティブな影響を与え，判断のパフォーマンスが悪くなりそうにも思える。しかし忘れることは必ずしもネガティブな影響を与えるわけではない。ヒューリスティックが直感的な判断方略であることを踏まえると，忘れることが，私たちの直感を "より高めている" といえる。

コラム⑤：ACT-R を用いた忘れることが判断に与える影響についての分析 (Schooler & Hertwig, 2005)

　都市の名前に関する知識を以下のように表現する。私たちは，都市の名前に頻繁に触れるとそれだけその都市のことを再認しやすくなる。また，それはいつ，その情報に触れたかと大いに関係する。1 日前に触れた都市名であれば，その都市のことは再認しやすいだろうし，逆に 1000 日前に触れた都市名であれば再認できる可能性は低いだろう。これを活性度（よく触れている対象の活性度は強く，あまり触れない

対象の活性度は弱い）から考える。活性度を次のように表現する。

$$A_i = B_i + \sum_j S_{ji} \tag{1}$$

$$B_i = \ln \left(\sum_{j=1}^{n} t_j^d \right) \tag{2}$$

A_i は都市 i の活性度を表す。B_i は活性度を決めるベースレベルであり，S_{ji} は文脈効果を表現している。なお，Schooler & Hertwig (2005) では，文脈効果はないものとしてシミュレーションは進めているので，今回も文脈効果はないものとする。

　B_i は情報に接した頻度に合わせて，どの程度最近にその情報に接したかで活性度を表現し，値が大きいほど活性度が高いことを意味する。t は何日前に接したかを示しており，また d は記憶の減衰を表現するパラメータである（典型的には，-0.5 をとる）。例えば，X さんは 100 日前，400 日前，600 日前に，一方で Y さんは 10 日前，50 日前，100 日前，200 日前，250 日前に「甲府市」という都市名に接したとする。このとき，B_i は以下のように計算される。

X さんの場合：$B_i = \ln(100^{-0.5} + 400^{-0.5} + 600^{-0.5}) = -1.66$
Y さんの場合：$B_i = \ln(10^{-0.5} + 50^{-0.5} + 100^{-0.5} + 200^{-0.5} + 250^{-0.5}) = -0.37$

X さんは最近接しておらず，また接する回数も少ない。一方で，Y さんは頻繁に接し，かつ最近も接している。このように，B_i はよく接すれば，またそれが最近であれば，活性度が強くなることを表現している（このことは活性度についての直感と合致する）。

　この活性度に基づいて，都市を再認できるかどうかが決まるとする。再認できる確率は以下で計算される。

$$再認率 = \frac{1}{1 + e^{-(A-\tau)/s}} \tag{3}$$

τ と s は再認率を調整するパラメータである。τ は再認率 50% を決める基準値であり（「聞いたことがある」，「聞いたことがない」という判断がちょうど五分五分になる活性値の値を決める），また s は判断の変動を表現するパラメータである。

コラム表1　シミュレーションで用いたデータ

都市名	再認率	Google 検索ヒット数	都市名	再認率	Google 検索ヒット数
横浜市	1.000	89,300,000	川口市	0.720	13,500,000
大阪市	1.000	116,000,000	町田市	0.850	12,400,000
名古屋市	1.000	65,500,000	郡山市	0.533	10,200,000
札幌市	1.000	43,200,000	高崎市	0.766	8,730,000
神戸市	1.000	41,700,000	津市	0.916	8,620,000
京都市	1.000	55,800,000	佐世保市	0.832	7,000,000
福岡市	1.000	49,200,000	八戸市	0.664	4,820,000
広島市	1.000	28,500,000	松本市	0.748	8,170,000
仙台市	0.981	27,200,000	日立市	0.720	4,170,000
千葉市	0.991	32,700,000	山口市	0.935	5,950,000
新潟市	0.991	18,100,000	高岡市	0.477	6,480,000
浜松市	0.953	22,500,000	今治市	0.364	5,720,000
熊本市	0.981	16,200,000	都城市	0.252	4,740,000
岡山市	0.916	22,500,000	大垣市	0.234	4,310,000
鹿児島市	1.000	11,400,000	足利市	0.766	4,020,000

注：再認率は Honda ら (2017b) の行動実験データに基づく。Google 検索ヒット数は 2018 年 9 月 18 日に実施された検索のヒット数。

　今回は，コラム表 1 にあるような，Honda ら (2017b) で使用された実験刺激である日本における 30 都市，ならび行動実験データを用いて以下のような手続きでシミュレーションを行った。まず，30 都市に関する活性度を Google の検索ヒット数から操作的に定義した。ウェブページで頻繁に都市名が使用されていれば，その都市名を私たちが目にする確率は高くなり，結果として都市名に対する活性度は高くなると考えられる。そこで 30 都市名それぞれを検索キーワードとしたときの検索ヒット数を調べ，そのヒット数に基づいて各都市を目にする確率を算出した。具体的には，最大のヒット数であった大阪市を目にする確率を 0.8 としたときに，この値を基準の確率として，検索ヒット数に基づいて残りの 29 都市を目にする相対確率を算出した。次に，この確率に基づいて，過去 5000 日にその都市を目にしたか否かのデータを作成した。例えば，大阪市の場合，80％ の確率で目にするので，過去の 5000 日からランダムに 4000 日を選び，目にした日とした。なお，目にした日のパターンはさまざまなパターンが考えら

れ，それぞれのパターンによって活性度は異なるので（例えば，後半の 4000 日に目にした場合と，前半の 4000 日に目にした場合では活性度が大きく異なる），ランダムに 100 パターン，すなわちそれぞれの都市に関する活性度が異なる 100 人を作成して，以下に記すパラメータ推定やシミュレーションを実施した。

　まず，活性度に基づいて，再認率を決定するパラメータである τ と s を推定した。具体的には，Honda ら (2017b) の 30 都市への再認率のデータ（コラム表 1 を参照），また数式 (1)，(2) から算出された都市名に対する活性度の値を用いた上で，数式 (3) で非線形回帰を行い，パラメータの推定を行った。30 都市への活性度を算出する際，d は典型的な値とされる -0.5 とし，またパラメータの推定はフリーの統計ソフトウェアである R の nls 関数を用いた。推定の際は異なる 100 人それぞれに対してパラメータ推定を実施した。そして推定された 100 のパラメータの中央値を最終的に推定されたパラメータの値とみなした。推定された値は τ が 1.36 で，s が 0.64 であった（コラム図 3 を参照）。なお Schooler & Hertwig (2005) で推定された値は τ が 1.44，s が 0.73 であり，類似した結果となった。

　この推定された再認率の予測式を用いて，忘れることが判断に与える影響について以下のような手続きでシミュレーションを行った。まずコラム表 1 にある 30 都市に関して，各都市を再認できる確率について数式 (3) を用いて計算を行った。次に，2 都市が提示され，そのどちらの都市のほうが人口は多いと思うかについての課題を回答するというシミュレーションを行った。今回のシミュレーションでは，忘れることが再認ヒューリスティックの使用に与える影響を検討するにあたり，以下のような形で判断するものと仮定した。提示された都市のうち 1 つの都市だけ再認できた場合は，その都市のほうが人口は多いと判断するものとする。対して，両方とも再認できたケース，また両方とも再認できなかったケースについてはランダムに 1 つの都市を選択するものとした（いわゆる山勘）。このように仮定することにより，ある 2 都市 C_1，C_2（人口数は $C_1 > C_2$ とする）が提示された際の判断の正答率は以下のように計算できる。C_1，C_2 の再認率がそれぞれ 0.9，0.4 であった場合，正答になる場合は以下の 3 ケースであり，それぞれ確率を計算できる。

(1)：再認ヒューリスティックを用いて正答になるケース（i.e., C_1 を

再認できて，C_2 が再認できなかったケース）

$$0.9 \times (1 - 0.4) = 0.54$$

(2)：両方とも再認できた場合に山勘で正答になるケース

$$(0.9 \times 0.4) \times 0.5 = 0.18$$

(3)：両方とも再認できなかった場合に山勘で正答になるケース

$$[(1 - 0.9) \times (1 - 0.4)] \times 0.5 = 0.03$$

これら 3 つのケースを足した 0.75 が，予想される正答率となる。このような形で，30 都市のすべての組み合わせである合計 435 ペアに関する判断の正答率を算出して，その平均値を判断パフォーマンスとして考えた。

忘れることが判断に与える影響について考えていくにあたり，数式 (2) における d を操作し，d の値と判断パフォーマンスの関係を分析した。そこで d のパラメータを -1（記憶の減衰が非常に強い状態）から 0（記憶の減衰がない状態）まで 0.1 刻みで変化させ，それぞれの値でのパフォーマンスを算出した。なお，d の値ごとに，異なる 100 名の判断パフォーマンスを計算し，その中央値を d の値それぞれの判断パフォーマンスとした。

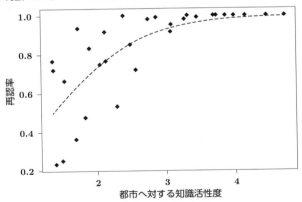

コラム図 3　都市へ対する知識活性度と再認率の関係。点線は式 (3) をフィッティングした際の再認率の予測を示す。

4.3 記憶の誤り

人間の記憶には忘れることと同時に，誤りが生じることも特徴の一つである。すでに述べたように，日常生活において，一方が「…と言った」と主張し，もう一方は「…なんて言わない」と主張するような，二者間での記憶の不一致を経験することがある。お互いの記憶に一致が見られない場合，どちらかが，あるいは場合によっては両方が記憶に誤りがあり，結果として記憶が一致しないと考えられる。

記憶の誤りについては，false memory（以後，過誤記憶と呼ぶ）という用語でしばしば説明がなされ，そしてその研究内容は非常に多岐にわたる。ここでは，簡単な実験手続きで生じる過誤記憶について説明する。

人間の過誤記憶の性質を実験的に調べる方法として，DRM パラダイムが有名である（レビューとして鍋田・楠見，2009）。DRMパラダイムのDRMとは，この実験手続きを提唱した Deese (1959) とそれを改変した Roediger & McDermott (1995) の頭文字をとったものである。非常に単純な手続きによって，頑健に過誤記憶を生成できることが知られている。筆者も心理学の講義で人間の記憶の性質を示す簡単なデモンストレーションとしてよく実施しており，実際多くの人に対して過誤記憶を生成することができる。

具体的な手続きは以下のようなものである。まず，学習フェーズにおいて次のような単語が提示され，それらを覚えてもらう。

「テーブル」
「座席」
「ソファー」
「ベンチ」
「机」

「クッション」
「リクライニングチェアー」
「腰掛け」

　その後，テストフェーズが行われる。ここでは，次のような単語が提示され，これらの単語が学習フェーズ時に提示されていたか否かの再認判断が求められる（カッコ内は正しい反応を示している）。

「大学」（提示されていない）
「ベンチ」（提示された）
「椅子」（提示されていない）
「猫」（提示されていない）
「机」（提示された）
「腰掛け」（提示された）
「マンション」（提示されていない）
「鏡」（提示されていない）
「車」（提示されていない）
「テーブル」（提示された）

　この手続きの特徴は以下のようにまとめられる。まず，学習フェーズにおいて，椅子に関係するような単語（連想語）が多く提示されている。しかし「椅子」（ルアーと呼ばれる）は学習フェーズには提示されていないのがポイントになる。そして，テストフェーズにおける再認課題において，ルアーの椅子が「提示された」と判断されやすいというのがDRMパラダイムによって生み出される過誤記憶である。このように，人間の記憶は誤りを犯す。実際になかったことをいとも簡単に「あった」と思ってしまうのである。
　DRMパラダイムで生じる誤った記憶と非常に類似した誤った記

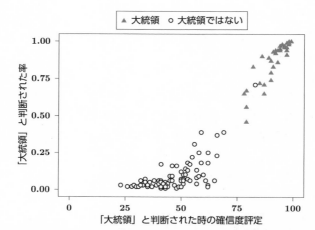

図 4.4　提示された名前を「大統領」と判断した率とその際の確信度の関係。それぞれのポイントは提示された名前（つまり，合計 123 のデータポイントがある），そして，▲ と〇による 2 つの区分は提示された名前が実際の大統領だったか否かによってなされている。**Roediger & DeSoto (2016)** が公開しているデータを参考に作成。

憶が実世界でも生じていることが示されている。Roediger & DeSoto (2016) はアメリカ人のアメリカ大統領に関する記憶の性質について調べた。この研究では，123 名の名前に関して，その人が「大統領」か「大統領ではない」かの判断，つまり大統領に関する再認と，その判断に対する確信度（0：全く自信がない～100：完全に自信があるという 101 段階）を回答するように求められた。この 123 名のうち，実際に大統領であった人は 41 名であり，大統領ではない人の名前が 82 名分含まれていた。この 82 名には大統領にはならなかった副大統領の名前，歴史上の有名な人物などが含まれていた。この実験の結果を図 4.4 に記す。実験参加者はこの課題を基本的にはよくできていた（実際の大統領を正しく「大統領」と判断した率は 0.88 であり，実際に大統領ではない人を正しく「大統領ではない」と判断した率は 0.91 であった）。しかし，一定の率

で誤った判断がなされている。興味深いのは，実際に大統領ではない人を「大統領」と判断したケースである。特に際立つのは，非常に高い確信度で「大統領」と判断された Alexander Hamilton で，「大統領」と判断された率は 0.71，確信度評定の平均は 83 であった。Hamilton はアメリカの歴史上で非常に重要な人物であり，多くの人にとって馴染み深い存在である。この馴染み深さは Hamilton が大統領であることからくるものだと人は判断し，このように高い率でかつ強い確信度をもって誤った判断がなされたのではないかと，Roediger & DeSoto (2016) は考察している。

4.4 記憶の誤りはなぜ生じるのか： 実世界の環境の性質からの分析

4.3 節において，DRM パラダイムと類似したような過誤記憶が実世界でも生じていることを紹介した。本節では，実世界の事象に関して，私たちの記憶からどのような信念が形成されているのか，特にその信念に誤りがあるとき，その誤りはどのように形成されているのかについて，私たちが生活する環境の性質との関係から分析を行った筆者らの研究について紹介する。

次の問いについて，あなたはどのように思うだろうか。

「横浜市に高等裁判所はあるか否か？」

正解は「ない」である。しかし「ある」と思った人が多いのではないかと思う。Honda, Matsuka, & Ueda (2016) で行われた大学学部生を対象とした実験では，73% の実験参加者が誤って「ある」と回答した。つまり多くの実験参加者は，横浜市に高等裁判所が存在していると誤って認識していたことになる。このことは，私たちが実世界に対して誤った信念（"横浜に高等裁判所がある"）をも

っていることを意味する。以後，このような誤った信念を記憶に基づく誤信念と呼ぶ。

　記憶に基づく誤信念は，表面的には記憶エラーから生じているように思える。つまり，私たちの誤った記憶が，「横浜市に高等裁判所がある」という信念を生じさせたのかもしれない。しかし，ここで考えたいのが，エラーを生じさせた私たちの記憶の適応的側面である。4.1 節では，記憶容量を効率的に使用するために，私たちは忘れている可能性について紹介した。これと同様に，私たちの記憶が実世界の事象を適応的に理解していく過程で，誤った信念が生じている可能性はないだろうか。以下では，この立場に立って，私たちが記憶に基づく誤った信念をもつプロセスに関して行った考察を紹介する。

　Honda ら (2016) は，実験参加者に対して，以下のような課題を実施した。日本において人口の多い上位 100 の都市に関して，それぞれの市が「プロ野球の球団があるか」，「首都圏であるか」，「高等裁判所があるか」，「県庁所在地であるか」，「新幹線の止まる駅があるか」の以上 5 項目に関して，「ある」，「ない」，「わからない」で回答することを求めた。この 5 項目は，この実験を実施する前に行われた事前の「人口の大小を判断する上で役に立つ手がかりは何か」という予備的な調査で得られた回答，また実際に役に立つ（一方の都市に存在して，もう一方の都市に存在しない場合，存在している都市のほうが人口は多くなる確率が高い）ものであった。この問題では，例えばある都市にプロ野球の球団が存在していない場合，「ない」と回答すれば正答となり，「ある」と回答すれば誤答となる。このように，実際には存在していないにもかかわらず，存在していると思ってしまう誤りを，False Positive Belief（以下，FPB）と呼ぶ。また，実際には存在している場合，「ある」と回答すれば正答となり，「ない」と回答すれば誤答となる。この

表 4.1　市の人口数（対数変換）とその市への記憶に基づく誤信念が生じた割合の相関関係

属性	FPB		FNB	
プロ野球の球団	0.444	***	−0.733	*
首都圏	0.477	***	−0.354	**
高等裁判所	0.482	***	−0.642	
県庁所在地	0.137		−0.373	*
新幹線が止まる駅	0.013		−0.488	**

$* \ p < .05$；$** p < .01$；$*** p < .001$；

ように，実際には存在しているのに「ない」と回答してしまう誤りを，False Negative Belief（以下，FNB）と呼ぶ。

　ここで注目したいのは，FPB や FNB はどのような都市で生じやすいのかという点である。今回，実験参加者に尋ねた属性は，人口の大小を判断する上で実際に役立つ手がかりとなる 5 項目である。つまり，これらの属性は人口が多い場合に存在している確率が高い。もし私たちの記憶がこれらの関係性を適切に反映しているのであれば，実際に人口が多い都市に FPB が，また逆に実際に人口が少ない都市に FNB が生じやすいと考えられる。

　そこで，5 つの属性に関して，各都市において FPB あるいは FNB が生じた割合と人口数の関係について調べてみた。この関係を図 4.5 に示す。図からも明らかなように，FPB（上図の A）と FNB（下図の B）では生じ方の傾向が明確に異なっている。FPB は人口が多い都市に，FNB は人口が少ない都市に生じやすいことが見てとれる。表 4.1 に人口数（対数変換）と記憶に基づく誤信念が生じた割合の相関係数を示す。FPB には正の相関関係，FNB には負の相関関係が存在しており，FPB と FNB の生じ方は明らかに異なっている。つまり，記憶に基づく誤信念はランダムに発生しているわけではない。人口数との間に密接な関連性が存在していることを考慮すると，私たちの記憶が生じさせる誤りは単なる誤りで

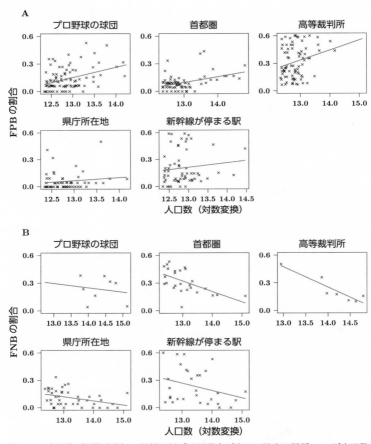

図 4.5　人口数（対数変換）と記憶に基づく誤信念が生じる確率の関係。A が人口数と FPB，B が人口数と FNB の関係を示す。

はなく，環境構造を我々の認知に反映させていくなかで生じた「誤り」だと考えられる。次の節では，このような誤信念が私たちの実世界に関する理解に及ぼす影響について紹介する。

4.5 記憶の誤りは実世界の正確な理解を促す

前節で述べた，記憶に基づく誤信念は，人が直感的に「人口数を推定する上で役に立つ」と思った属性，あるいは実際に役に立つ属性に関して生じているものである。もし私たちの記憶が，実世界の構造を反映する形で形成されているのであれば，記憶に基づく誤信念は実世界の正しい理解を促進しているかもしれない。この仮説について，Honda ら (2016) は以下のような計算機シミュレーションを実施して検討を行った。なお，ここでは概要のみ説明し，シミュレーションの詳細についてはコラム⑥ → p.90 に記す。

まず実世界をどの程度正確に理解しているのかを示す指標として，2 都市が提示されて，どちらのほうが人口は多いと思うかという判断課題のパフォーマンス（正答率）を用い，以後，実世界の理解の正確度とする。この課題は実世界の統計についての判断であるため，実世界の理解の正確さを測定するための一つの指標とみなすことができる。この課題に取り組む際，記憶に基づく信念を用いて回答するものとした。この計算機シミュレーションでは，以下に説明するような比較を行った。4.4 節で述べたように，記憶に基づく誤信念には系統的な性質が存在している。そこで，4.4 節で述べた行動実験から得られた記憶に基づく誤信念データ（すなわち，系統的な誤りをもつ信念）を用いて判断を行った場合の判断パフォーマンスを調べた。以後，この判断を「系統的な誤信念に基づく判断」と呼ぶ。そしてこの判断パフォーマンスとの比較対象として，以下のような仮想的な信念をもつ人の判断をシミュレートした。例えば，ある実際の実験参加者が 500 項目（100 都市 × 5 属性）のうち，FPB，FNB，また「知らないという信念」（以下，Missing Belief, MB とする）をそれぞれ 10% ずつ有していたとする（つまり，この実験参加者全体の 70% は正確な信念を有していたことになる）。この割合と完全に同じ割合でランダムに作られた

FPB, FNB, MB をもつ仮想的な人をシミュレートした。つまり，同じ割合で非系統的な記憶に基づく誤信念を作成し，この誤信念に基づく判断パフォーマンスについて分析を行った（以後，この判断を「非系統的な誤信念に基づく判断」と呼ぶ）。そして，系統的な誤信念に基づく判断と非系統的な誤信念に基づく判断のパフォーマンスを比較し，系統的な誤りが判断に与える影響を検討した。

　その結果を図 4.6 に示す。横軸の値は非系統な誤信念に基づく判断，縦軸は系統的な誤信念に基づく判断を示している。この図では 25 個のポイントが示されており，それぞれのポイントは Honda ら (2016) における実験参加者に対応している（つまり，各実験参加者からシミュレートした系統的な誤信念に基づく判断と非系統な誤信念に基づく判断を意味する）。そして，TTB, Tally 1, 2 は先行研究で，人間の判断プロセスをよく説明できるとされている判断モデルであり，それぞれ全く異なる仮定が置かれている（詳細はコラム ⑥ →p.90 を参照）。もしポイントが対角線上にある場合，非系統的な誤信念に基づく判断と系統的な誤信念に基づく判断が全く同じパフォーマンスであることを意味する。一方で，対角線より上にポイントがある場合，系統的な誤信念に基づく判断のほうがパフォーマンスはよいことを意味し，逆に対角線より下にポイントが存在している場合は非系統的な誤信念に基づく判断のほうがパフォーマンスはよいことを意味する。図からもわかるように，どの判断プロセスにおいてもポイントは対角線より上に存在していることがわかる。TTB と Tally 2 では 25 名中 24 名，Tally 1 では 25 名全員が，系統的な誤信念に基づく判断のほうがパフォーマンスは高かった。

　これらの結果は，系統的な誤りによって実世界に関する正確な理解が促進されることを示している。つまり，記憶に基づく誤った信念は，実世界を正確に理解しようとするプロセスの中で生じている "副産物としての誤り" と解釈することも可能である。

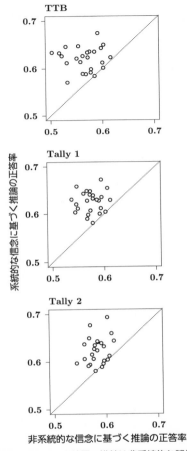

図 4.6　計算機シミュレーションの結果。横軸は非系統的な誤信念に基づく判断の正
　　　答率，縦軸は系統的な誤信念に基づく判断の正答率を示す。各ポイントは，
　　　Honda ら **(2016)** における各実験参加者のデータを意味する。対角線上
　　　にポイントが乗っているとき，系統的な誤信念に基づく判断と非系統的な誤
　　　信念に基づく判断のパフォーマンスが全く同じであることを意味する。対角
　　　線より上（下）にポイントが存在している場合，系統的（非系統的）な誤信
　　　念に基づく判断のほうがパフォーマンスがよいことを意味する。

コラム⑥：記憶に基づく誤信念が判断に与える影響についての
計算機シミュレーション

(Honda, Matsuka, Ueda, 2016)

　シミュレートされた実験参加者は，都市の人口を判断する課題に関して回答するものとした。この課題は，2 つの都市が提示されて，人口が多いと思う都市を選択する課題である。この際，実験参加者は提示された都市の具体的な人口数を知らないので，提示された都市の属性に関する信念に基づいてこの問題を回答するものとする。具体的には，「プロ野球の球団」，「首都圏」，「高等裁判所」，「県庁所在地」，「新幹線が止まる駅」，これらの属性に関する信念（「ある」，「ない」，「わからない」のいずれかの信念）に基づいて判断を行うものとした。また，これらの属性に関する信念を用いて判断を行う際は，Take-the-best heuristic (TTB, Gigerenzer & Goldstein, 1996)，または Tally 1，Tally 2 (Marewski & Schooler, 2011) に基づいて判断が行われるものとした。これらの具体的な判断プロセスの説明はコラム表 2 に，また具体的な判断の例はコラム図 4 に記す。

コラム表 2　Honda ら (2016) の計算機シミュレーションで用いられた判断ストラテジー

判断ストラテジー	判断内容：都市 A, B が提示されて，どちらの都市のほうが人口は多いと思うかを判断する。
Take-the-best (TTB)	判断するにあたっての妥当性が高い順に属性を確認していく。ここでいう妥当性とは，人口を推定して行く上で，一方の都市がその属性を有し，もう一方はない場合，その属性がある都市のほうが人口は多いとした判断が正答になる確率を指す。一方の都市がその属性を有し，もう一方がその属性を有さない属性に基づいて判断を行う（すなわち，その属性をもっている都市のほうが人口は多いと考える）
Tally 1	都市 A, B それぞれに関して，5 つの属性のうちで属性が「ある」という信念の数から属性が「ない」という信念の数を引き，この数が大きいほうを人口が多いと判断する。
Tally 2	都市 A, B それぞれに関して，5 つの属性のうちで属性が「ある」という信念の数を数え上げ，この数の大きいほうが人口は多いと判断する。

TTB や Tally 1，2 は，対象の属性に関する信念に基づいて判断を行う場合のモデルとして提案されているものである (Marewski & Schooler, 2011)。TTB と Tally 1，2 の大きな違いは，判断が 1 つの理由でなされるか否かである。TTB は妥当性が高い順で属性を見て，最初に 2 つの選択肢が区別できた時点で，それ以降の属性は考慮しない。つまり，コラム図 4 にあるように，たとえ「新幹線が停まる駅」，「県庁所在地」，「首都圏」という属性が，都市 B のほうが人口は多いことを示す信念であったとしても考慮されない。一方で，Tally 1，2 は，属性があるという信念，あるいはある，ないという両方の信念をすべての属性について考慮する判断である。

　コラム図 4 の例からもわかるように，TTB の場合は最初に区別される属性で判断が決まり（都市 A のほうが人口は多いと判断する），残りの属性がいくら都市 B のほうが人口は多いことを示していても，判断は変わらない。一方で Tally 1，2 の場合は，1 つの属性では判断が決まらず，たとえ高等裁判所に関して，都市 A のほうが人口は多いことを示唆する信念が持たれていたとしても，他の属性の信念に依存して判断は逆転し，都市 B のほうが人口は多いと判断される可能性がある。

　このようなことから，TTB のような判断は非補償的 (noncompensatory) な判断，Tally 1，2 は補償的な (compensatory) 判断と呼ばれている (Gigerenzer & Goldstein, 1996)。

　このように，TTB，また Tally 1，2 の間で判断プロセスは異なる。さまざまなプロセスの可能性を分析時に考慮することで，記憶に基づいて生じている誤信念が判断に与える影響を，特に判断プロセスの相違によってどのような違いが生じるかを議論できる。

　なおこの人口判断課題に関する計算機シミュレーションは，Honda ら (2016) の認知実験で用いた 100 都市を用いて，考えうるすべてのペアである 4950(100 × 99 ÷ 2) ペアを用いて実施された。また本文で述べているように，非系統的な記憶に基づく誤信念は各実験参加者の認知実験のデータに基づいてシミュレートするが，そのパターンは膨大に存在する。そこで，各実験参加者それぞれ 100 パターンの非系統的な誤信念をシミュレートし，それぞれのパターンを用いて人口判断課題を実施した。そしてその平均値を各実験参加者の非系統的な誤信念に基づく判断のパフォーマンスとみなした。

Take-the-best（TTB）

属性	都市 A	都市 B
高等裁判所	×	?
プロ野球チーム	○	× 弁別可
新幹線が停まる駅	?	○
県庁所在地	○	○
首都圏	?	○

最も妥当性が高い手がかりから順に探索し，その手がかりの差違に
基づいて判断する→都市 A のほうが人口が多いと判断する

Tally 1, 2

属性	都市 A	都市 B
高等裁判所	×	?
プロ野球チーム	○	×
新幹線が停まる駅	?	○
県庁所在地	○	○
首都圏	?	○

Tally 1：
都市 A　2（○属性）－1（×属性）＝1
都市 B　3（○属性）－1（×属性）＝2

Tally 2：
都市 A　2（○属性）＝2
都市 B　3（○属性）＝3
→Tally 1, 2 ともに都市 B のほうが人口が多いと判断する

Tally 1, 2 が異なる例

属性	都市 A	都市 B
高等裁判所	○	○
プロ野球チーム	○	?
新幹線が停まる駅	×	?
県庁所在地	×	○
首都圏	○	?

Tally 1：
都市 A　3（○属性）－2（×属性）＝1
都市 B　2（○属性）－0（×属性）＝2
→都市 B のほうが人口が多いと判断する

Tally 2：
都市 A　3（○属性）＝3
都市 B　2（○属性）＝2
→都市 A のほうが人口が多いと判断する

コラム図 4　計算機シミュレーションで実施した 3 つの判断プロセスの具体例。
　　　　　○，×，？はそれぞれ，属性に関する「ある」，「ない」，「わからな
　　　　　い」の信念を示している。

4.6 まとめ

　本章では，人間の記憶機能における不完全さがもつ適応的機能について考えてきた。特に忘れること，また誤りという一見すると記憶がもつ負の側面と考えられる性質の適応的機能について紹介した。

　まず忘れることについて，有限の記憶容量を有効活用するために今後活用する可能性が低い情報を捨てるという意味で忘れている可能性について議論した。また忘れ方の程度が異なる人の判断パフォーマンスの違いについて計算機シミュレーションで分析したところ，ある程度忘れるような人は正確な判断を導くヒューリスティックを多くの場面で使用できるようになるために，判断パフォーマンスが高くなることを示した。次に，記憶がもつ誤りについて，私たちの記憶から生じる信念の誤りには系統的なパターンが存在し，環境構造と整合的な形で誤りが生じている可能性を示した。また，このような系統的な誤りに基づいて実世界の統計について判断した場合，非系統的な誤りに基づく判断と比較すると判断のパフォーマンスがよいことから，私たちが記憶の中にもつ誤りは，実世界の事象を正確に理解していく中で生じている副産物である可能性を示した。

　私たちの記憶は不完全である。忘れることもあるし，誤りも生じる。最初に述べたように，私たちが日常生活を送る中で，これらがさまざまな負の側面をもつことは間違いない。しかしながら同時に，膨大な実世界の情報に関して有限の認知資源で処理したり，理解しなければならない状況において，情報を効率的に保持し，また実世界を正確に理解していく上で，人間の記憶がもつ不完全さは適応的に機能しているともいえる。人間の心理メカニズムは，「適応的である」あるいは「非適応的である」と二分できるほど単純ではない。一見すると欠点と考えられる人間の認知機能がもつ負の側面に対して，適応的機能という視点から捉えなおすと，人間の認知をより深く理解できると考えられる。

"名は体を表す", "数字の力"

─名前と数字が生み出すバイアス

第5章

　本章では，気がつかないうちに私たちの認知や行動に影響を与え，バイアスが生み出されている例を紹介する。

　まず注目するのは名前である。"名は体を表す" ということわざがある。辞書的な意味は，「名はその実体がどのような物かを示している」，「名と実体とはうまく合っている」（岩波書店『広辞苑 第7版』(2018), p.2145 より）である。例えば人を見たときに，名前と人の特徴が一致しているような場合は「…らしい名前だ」などと言ったり，また名前の音が立派な印象を受けるにもかかわらず，その人の行動があまり好ましくない場合には，「名前負けしている」と揶揄したりする。このような日常生活でよく見られるエピソードを踏まえると，名前は私たちの認知に影響を与えているのかもしれない。名前は人や物に対するラベルであり，本質的な性質とは独立しているはずである。しかし上の例が示すように，名前はその対象の認知や行動に対して影響を与えている可能性がある。実際に，心理学や認知科学の研究では，名前が私たちの認知に与える影響に関する興味深い報告がなされている。本章ではそれらを紹介する。

　次に注目するのは数字である。私たちは日常生活でさまざまな数字を目にする。例えば，買い物に行った際には値段を目にし，天気予報を見ると降水確率や降水量を，また仕事場では業務に関することで何らかの数字を目にする。これらの数字の中には特徴的で注

意を引くようなものが存在する。例えば，買い物に行き，買った品の合計金額が，「776円」あるいは「777円」だったときのことを考えてみよう。「776円」だった場合は，何も感じないのではないだろうか。一方で，「777円」だった場合，妙に嬉しい気分になったりする。合計金額は1円違うだけであり，金額としては，差はほとんどない。しかし感じ方が大きく異なるのは，数字が示す量的な意味以上に，私たちが何かを感じ取っているからではないだろうか。この例のように，数字の中には私たちの認知が，特徴的であると思う数字が存在している。そして，私たちの行動や判断，また選択が数字の特徴に影響を受けていることが知られている。そこで，数字が私たちの行動や認知に与える影響に関する興味深い研究を紹介する。

5.1　名前が認知に与える影響

これまで心理学や認知科学の研究では，名前が私たちの認知に与える影響として，主に以下に示す2つが報告されている。1つ目は，対象を判断や評価する側に名前が影響を与えるというものである。私たちはある名前を聞いて，その名前からイメージを浮かべ，それが結果として対象への判断や評価に影響を与えているというものである。2つ目は，名前がその名前の持ち主へ影響を与えるというものである。例えば，ある名前をつけられて，その名前にまつわるものが好きになったり，また極端な例としては無意識のうちに，「その名前にふさわしく振る舞ってしまう」というものである。

以下の節では，それぞれの視点から名前が認知に与える影響について説明する。

5.1.1　対象を判断や評価する人に名前が与える影響

私たちは名前から，さまざまなイメージを思い浮かべ，それが対

象を判断，評価する人に影響を与えることが知られている。以下では，名前の呼びやすさと，響きが連想させるイメージの影響について紹介する。

Laham, Koval, & Alter (2012) は名前の発音しやすさが評価に与える影響について分析し，発音しやすい人名のほうが好まれ，投票場面において投票しようと思われやすいことを実験的に示した。また，実世界における事例についても分析を行った。法律事務所に所属する弁護士の名前と職位の関係について分析したところ，発音しやすい名前のほうが高い職位（例えば，パートナー弁護士）に雇用されやすいことを示した。名前の発音しやすさは，好みに影響を与えるのみならず，関係ないはずの能力の評価や職位にまで影響を与えているのである。また同様の効果として，Alter & Oppenheimer (2006) は会社の名前が株式市場に与える影響について検討した。Alter らは読みやすい社名の株価は読みにくい社名の株価よりも短期的には上昇するだろうと予測した。そして実際の株価を調べてみると，株式公開後 1 週間の株価は社名の影響を受けており，読みやすい社名のほうが株価は高くなることを示した。

また名前自身がもつイメージ（「…らしい」名前）も私たちの判断に大きな影響を与えていることが知られている。Bertrand & Mullainathan (2004) は白人らしい響きの名前あるいはアフリカ系アメリカ人らしい響きの名前が記載された履歴書がどのように評価されるかを調べたところ，白人らしい名前をもつ人のほうが面接に呼ばれやすいことを明らかにした。また Jung, Shavitt, Viswanathan, & Hilbe (2014a) はハリケーンの名前と被害の関係について分析した。ハリケーンの名前には，"Alexander" のように男性を連想させる，男性らしい名前と，"Christina" のように女性を連想させる，女性らしい名前が存在する。そこでハリケーン名の男性，女性らしさとハリケーンの被害の関係を調べたところ，女

性らしい名前のほうが被害は大きいことが示された。これはジェンダーステレオタイプに起因すると筆者らは考えている。一般的に，男性のほうが女性よりも攻撃的であったり，暴力的なイメージがある。このようなイメージはハリケーンの規模を考える際にも影響を与え，男性らしいハリケーンの名前を見た場合のほうが女性らしい名前を見た場合よりも，ハリケーンの規模は大きく，破壊的であり，また影響が多大になるだろうと考え，ハリケーンに対して十分な備えをするようになる。結果として影響の大きさに違いが生まれるのではないかと筆者らは考察している。

以上のように，名前がもつ特性（読みやすさ，名前が連想させるイメージ）は，その名前をもつ対象への認知に影響を与えるという知見が報告されている。私たちは（意識的にせよ，無意識的にせよ）"名は体を表す" と考えてしまい，それが認知プロセスにさまざまな影響を与えていると考えられる。

5.1.2　名前がその名前の持ち主に与える影響

名前はその名前の持ち主に何らかの影響を与えるかもしれない。本節ではそのような影響を報告している研究について紹介する。

Nuttin (1987) は，自身のイニシャルのアルファベットをそうではないアルファベットに比べて好きになることを示した。自分のイニシャルのアルファベットは日頃よく目にするので，親近性が湧き，好きになると考えられる。このような名前への選好は私たちの日常生活のさまざまな判断や意思決定にも影響を及ぼしていることが示されている。Pelham, Mirenberg, & Jones (2002) は潜在的エゴティズム (implicit egotism; Pelham, Carvallo, & Jones, 2005) という視点から，名前の影響について興味深い知見を示している。潜在的エゴティズムとは，人が自身に関して自動的・無意識的にもつポジティブな連想が，自身と結びつくものの感情に与え

る影響を指す。例えば，Nuttin (1987) の，イニシャルのアルファベットが好きになるという事例にもそれが当てはまる。Pelham ら (2002) はイニシャルがアメリカにおける居住地の決定や職業の選択に影響を与えている可能性について論じている。例えば，居住地に関して，"ルイス"さんはセントルイスに住む確率が高くなり，また歯科医 (Dentist) にはデニス (Deniss) さんのような類似した名前をもつ人が多いことを示した。Chandler, Griffin, & Sorensen (2008) は，赤十字へのハリケーンの被害者に対する寄付行動に名前のイニシャルが与える影響について分析した。ハリケーンの前後でどのような名前をもつ人が寄付したのかを調べたところ，ハリケーン名と共通するイニシャルをもつ人は，そのハリケーンの被害に対して寄付をしやすくなることが明らかになった。例えば，ハリケーンカトリーナ (Katrina) 発生直後 2 ヶ月間に寄付した人のイニシャルを調べてみると，K をイニシャルにもつ人の割合が増えていた。

　これらの例は，自身の名前を好きになり，またその選好が行動にまで転移することを示している。それでは，転移する対象が好ましくないと考えられる場合にはどうであろうか。この点について，Nelson & Simmons (2007) は興味深い分析を行っている。この研究ではアメリカのメジャーリーグのデータを用いて分析を実施した。具体的には，バッターの三振（つまり，バッターにとっては好ましくない結果である）に関するデータについて調べた。三振はスコアブックで "K" と示され，野球選手やファンもこのことを知っている（野茂英雄投手は多くの三振をとったピッチャーであり，ニックネームは "ドクター K" であった）。Nelson & Simmons (2007) はイニシャルに "K" が入るバッターは三振をしやすいのではないかと予測を立て，100 打席以上立ったことがあるバッターを対象に分析を行った（データ数は 6397）。その結果，K をイニシャ

ルにもつバッターの三振率 (18.8％) はその他のバッターの三振率 (17.2％) よりも有意に高いことがわかった。また同様に，Nelson & Simmons (2007) は学業成績についても分析を行った。学業成績は通常，よい方から，AA, A, B, C, D で評価される。筆者はイニシャルが C, D で始まる人が C, D の学業成績を取る割合が多いのではないかと予測した。そこで，イニシャルに A, B, C, D, またその他 (E〜Z) を含む人の間で GPA[14] を比較したところ，C と D をイニシャルにもつ人は GPA が有意に低いことが明らかになった。この 2 つの事例は，自分の名前（イニシャル）に対してもつ選好が，好ましくないと考えられる行動にも無意識的に影響を与えていることを示唆している。バッターが三振をしたいと思うはずはなく，むしろ避けないといけない結果である。しかし，自分のイニシャルと三振の表記である "K" の結びつきから，潜在的には回避しようとする度合いが弱まり，結果に反映されている可能性がある。学業成績についても同様である。よい成績を取ろうとするのは当然である。しかし，自分のイニシャルと一致する C, D という評価を潜在的には "選好" し，よい成績を取ろうとする顕在的な目標が他のイニシャルをもつ人に比べて相対的に弱くなったことがこのような結果につながっている可能性が考えられる。

　このように，名前はその名前の持ち主に影響を与えている可能性がさまざまな研究で示されている。その多くは，自身の名前（イニシャル）に対する顕在的あるいは潜在的な選好が与える影響と考えられる。特に注目すべきはそれが場合によっては "よくない"，"避けるべき" と考えられる行動をも生み出している点である。

---

14)　Grade Average Point. AA から D まで 4, 3, 2, 1, 0 ポイントが割り当てられ，平均値を計算する。つまりオール AA だと GPA は 4 で，オール D だと 0 となる。高い点数ほど成績がよいことを意味する。

5.2 名前が認知に与える影響：日本語における表記の影響

　名前は言語的な情報であることを踏まえると，名前が認知に与える影響には言語的な性質が関わってくると考えられる。これまで紹介した研究は欧米の研究が中心であり，英語に関係する名前の影響に関するものである。それでは日本語に特有の効果はないのだろうか。

　日本語に固有の性質の一つとして表記が挙げられる。日本語は，漢字，ひらがな，カタカナ，3つの表記をもつ。私たちはこれらの表記を日常的に使い分ける。例えば，多くの名前（人名，都市名など）は漢字表記をもち，特別な理由がない限りは漢字で表記する。名前に漢字表記がない場合はひらがなやカタカナを用い，なかでも専門用語，外国の国名や都市名，また外国人の名前はカタカナ表記を用いることが多い。以下では，漢字とカタカナの表記の違いに絞って話を進める。

　日本の都市名に関して，漢字表記とカタカナ表記のそれぞれの使用頻度にはどのくらいの差があるのだろうか。これを知るための一つの方法は，インターネットの検索エンジンで漢字表記またはカタカナ表記を検索ワードとして検索し，検索ヒット数を調べることである。検索ヒット数が多ければ，それだけその表記が用いられていると考えられるので，使用頻度の指標となる。政令指定都市10都市について，Google Japan を用いて検索ヒット数を調べてみたところ，図5.1のような結果となった。図からもわかるように，漢字とカタカナの場合で検索ヒット数が大きく異なる（横軸は対数変換されているので，1目盛の違いは1ケタ異なることを意味する）[15]。

---

15) 　ここでの検索結果は，必ずしも都市名のみを意味するわけではないことに注意が必要である。例えば，カタカナ表記の「サッポロ」や「カワサキ」は検索ヒット数が相対的に多い。この検索結果は，すべてが都市に関

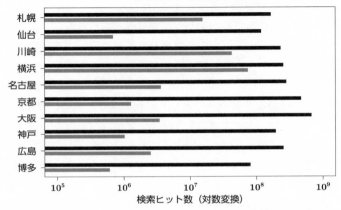

図 5.1　漢字またはカタカナをキーワードとした場合の各都市の検索ヒット数
（Google Japan で直接検索の結果を示している）。なおこのデータは
Honda, Fujisaki, Matsuka, & Ueda (2018) に基づく。この図の
横軸は検索ヒット数を対数変換しており，1 目盛の違いはケタ数が 1 桁違う
ことを意味する。

　このような表記の使用頻度の違いは，私たちにどのような影響を
与えるのであろうか。これまでの心理学研究で，私たちの対象への
評価や判断はその対象の表現法に依存して変化することが示されて
いる。例えば，パンダを助けるための募金を求められた際，パンダ
の数をドットで示されて募金を求められた場合とパンダの画像を示
されて募金を求められた場合では，募金の仕方は変化することが知
られている (Hsee & Rottenstreich, 2004)。Alter & Oppenheimer
(2008a) はよく見るような馴染み深い紙幣とあまり見かけない馴染

　するものではなく，ビール会社の「サッポロ」や製造会社である「カワサ
キ」などを含んだ結果として，多くなったと考えられる。漢字も同様に，
「川崎」は川崎市を常に意味するわけではなく，姓名の「川崎」も含んでい
ると考えられる。検索ヒット数は，あくまでも使用頻度に関する参考指標
の一つとして考えるべきである。

み深くない紙幣あるいは硬貨を提示した上で，鉛筆やクリップなどの商品をどの程度買えるのかを尋ねたところ，同じ金額であるにもかかわらず馴染み深い紙幣で提示されるときのほうが多くの商品を買えるという回答がなされた。また Alter & Oppenheimer (2008b) は，対象の文字の読みやすさを，フォントの色で操作したところ（日常的に用いる濃さ，あるいはこのような薄い色の濃さで書く），読みやすさによって対象への解釈が変化することを示した。

　表現法を変えるだけでは，本質的には何も変わらないはずである。しかし，表現法が変わると私たちの対象への認知は変化し，結果として判断等が変化する。このような先行研究の知見に基づくと，日本語の表記の違いも私たちの認知に影響を与えている可能性がある。次の節では，筆者らが行った日本語表記の影響に関する研究を紹介する。

5.2.1　表記の違いによって生み出される異なる都市のイメージ

　Honda, Fujisaki, Matsuka, & Ueda (2018) は日本語の表記が私たちの認知に与える影響について検討を行った。具体的には，都市名を漢字表記にした場合とカタカナ表記にした場合で，都市に対するイメージがどのように変化するかを検討した。先に述べたように，通常，都市名は漢字で表記される。特別な理由がない限り，カタカナ表記を用いることはあまりない。つまり，都市名の漢字表記は典型的な表記法であり，一方でカタカナの表記法は非典型的な表記法といえる。言い換えると，"通常"の習慣として，私たちは漢字表記を用いている。言語使用の習慣は私たちの思考に影響することが知られているため (Boroditsky, 2001)，表記の使用習慣の違いは私たちの思考に影響を与える可能性が考えられる。そこで，筆者らは都市名が漢字で表記される場合，その表記法は典型的であるために，典型的な思考が生み出されやすく，一方で典型的ではな

いカタカナで表記される場合，典型的ではない思考が生み出されやすくなるのではないかと予想し，実験的に検証した。具体的には，「北海道のイメージについて記述してください」と言われた場合と，「ホッカイドウのイメージについて記述してください」と言われた場合では，漢字で書かれた場合のほうが，典型的な記述は増えるのではないかと予想した。実際に北海道（あるいはホッカイドウ）のイメージを記述してもらうと，気候（e.g., 寒い），食べ物（e.g., 海鮮が美味しい），空間（e.g., 広大な土地），自然（e.g., 自然が豊か）といった記述が多くなされた。これらは典型的なイメージとして想起されやすかったと考えられる。一方で，"ラベンダー" や "雪まつり" といった，典型的ではない記述も見られた。このような典型的ではない記述の割合はカタカナで「ホッカイドウ」と提示された時のほうが，「北海道」と漢字で提示された時よりも多かった。予想された通り，表記の典型性の違いは思考に影響を与えていることが示された。

5.2.2　表記の違いが生み出す異なる果物のイメージ

　また筆者らは，日本語の表記が果物のイメージ形成に与える影響についても調べた（本田・藤崎・植田，2017）。果物は都市名とは逆に，通常カタカナで表記することが多い。例えば，「レモン」と表記することは多いが，「檸檬」と表記することは少ない。このような違いは食品のイメージ形成に対して影響を与えている可能性が考えられる。先行研究において，食品の商品名の表記が食品イメージに影響を与えることが示されている。Pocheptsova, Labroo, & Dhar (2010) は，商品名のフォントの読みやすさを操作することによって，その商品に対する購買意欲が変化することを示している。この先行研究の知見を踏まえると，日本語の表記を変えることによって，果物に対する購買意欲が変化するかもしれない。上で述べた

ように，「檸檬」という漢字表記は「レモン」というカタカナ表記に比べて希少である。一般的に希少なものは商品としての価値が高いと判断されやすく (Cialdini, 2001)，表記から生み出される "希少感" が購買意欲を高めるのではないかと考えた。

それでは，どのような果物も漢字表記にすれば購買意欲は上がるのであろうか。ここで，キウイの例を考えてみよう。キウイは漢字で表記すると，「彌猴桃」となる。この漢字を読める人は非常に少ないのではないだろうか。筆者も，キウイの漢字表記について全く知らなかった。この漢字は「檸檬」とは異なり，日常生活で目にすることがほとんどなく，そして多くの人は読めない。読めない場合には，知らないという状態になる。知らないという状態は，再認ヒューリスティックで説明したように（第3章を参照），私たちの思考に影響を与えることが予想される。一般的に馴染みがあるもののほうが商品選択の際に好まれやすい傾向にあることを踏まえると，読めないものに対する選好は低くなることが考えられる。そのため，キウイを漢字表記することは，希少性を高めると同時に，馴染み深さを低めていると考えられるので，漢字表記をすることで購買意欲が必ずしも高まるわけではないと予想した。一方でレモンの場合は，「檸檬」は希少感を高めるものの，多くの人は読めるために馴染み深さを低める可能性は少なく，漢字表記をすることによって購買意欲が高まると予想した。

この予測を検証するために，本田ら (2017) は図5.2にあるような刺激を用いて，日常的によく見る値段（4個で300円），あるいは高級品（4個で3,000円）のレモンまたはキウイをカタカナか漢字で提示して，この果物をどれだけ買いたいと思うかという購買意欲を10件法（1：全く買いたくない〜10：非常に買いたい）で尋ねた。また同時に，それぞれのカタカナあるいは漢字表記に関して，接触頻度を10件法（1：日常的に全く目にしない〜10：日

レモン（国産）
4 個 300 円

檸檬（国産）
4 個 300 円

高級 レモン（国産）
4 個 3,000 円

高級 檸檬（国産）
4 個 3,000 円

キウイ（国産）
4 個 300 円

彌猴桃（国産）
4 個 300 円

高級 キウイ（国産）
4 個 3,000 円

高級 彌猴桃（国産）
4 個 3,000 円

図 5.2　果物の表記の違い（本田・藤崎・植田，2017 で用いられた実験刺激）

常的に非常によく目にする），同様に可読性（読むことができるか）について，10 件法（1：全く簡単ではない～10：非常に簡単だ）で尋ねた。

　まず，表記の接触頻度と可読性に関して，図 5.3 に評定の平均値を示す。レモンとキウイのいずれにおいても基本的にカタカナ表記のほうが接触頻度は高く，また可読性も高い。ここで注目すべきは，レモンについては，漢字表記がカタカナ表記に比べ相対的には低い評定になっているものの，キウイの漢字表記に比べると接触頻度も可読性も高い値になっている点である。特に可読性については，評定の中央値である 5.5（簡単とも簡単でないとも言えないスコア）よりも高い値になっていることを踏まえると，読むこと自体が困難な表記ではないと考えられる。次に購買意欲に関して，図 5.4 に評定の平均値を示す。図からもわかるように，レモンに関しては価格が 4 個で 300 円のもの，4 個で 3,000 円のもの，いずれにおいても漢字表記のほうが購買意欲は高かった。しかし，キウイではこの傾向が見られなかった。このように，レモンについては漢字表記によって "希少性" の印象を高め，購買意欲が高くなった。一

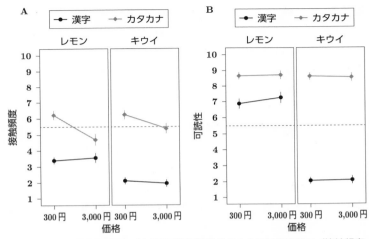

図 5.3　2 つの果物の表記に対する日常生活でどれくらい目にするか（接触頻度，A）と，読むのが容易か（可読性，B）の評定の平均値（本田・藤崎・植田，2017）。エラーバーは標準誤差を示す。

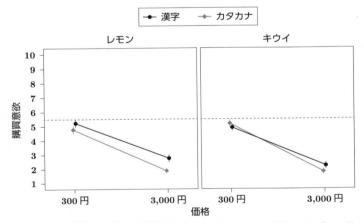

図 5.4　二つの果物に対する購買意欲の平均値（本田・藤崎・植田，2017）。エラーバーは標準誤差を示している。

方，キウイは漢字で表記しても購買意欲は高まらなかった。このことから，単に漢字表記にすることが購買意欲を高めるわけではなく，漢字を読める範囲で，日常的に接触が少なくなるような表記にすることによって，対象への"希少感"が高まり，結果として購買意欲は高まると考えられる。

5.3 数字が認知に与える影響

　ここからの節では，数字が私たちの認知や行動に与える影響を調べた研究について紹介する。数字の影響は，さまざまな視点から研究が行われている。ここでは，特徴的な数値列であるラウンドナンバー（切りのよい数）とゾロ目が私たちの認知や行動に与える影響について調べた研究を紹介する。

5.3.1 ラウンドナンバーの影響

　ラウンドナンバーとは，100，200，1000 など，ゼロで丸められた切りのよい数字のことを指す。ラウンドナンバーは私たちの認知や行動に影響を与えることが知られており，これまでさまざまな研究が行われている。

　Pope & Simonsohn (2011) は，ラウンドナンバーが私たちの行動に与える影響について，実世界におけるデータから大変興味深い報告をしている。Pope らは，ラウンドナンバーは私たちが目標を立てる際の目標点となりやすく，私たちの行動に影響を与えるのではないかと考えた。例えば，TOEIC を定期的に受験している A さんについて考えてみよう。A さんが「700 点」のような切りのよいラウンドナンバーを目標点としている可能性は高いと考えられる。仮にラウンドナンバーである 700 点を目標点として設定し，受験の結果 697 点であったとする。このようなとき，A さんは「もう少しで 700 点なので，次は頑張ろう」と強いモチベーシ

ョンをもつだろう。一方，点数が703点だった場合を考えてみよう。このときは目標が達成されており，697点の場合ほど，次回の受験へのモチベーションが強くはならないかもしれない。この例が示すように，Popeらは目標点が私たちの行動に影響を与え，目標点に少し足りない人はこの目標点を超えようと強いモチベーションをもつので，パフォーマンスがよくなるのではないかと考えた。Popeらはこの仮説を，米国プロ野球のメジャーリーグのデータベースを用いて検証した。バッターは，打率（ヒットを打つ確率）が3割を超えていれば優れたバッターであると考えられており，そのような選手は「3割バッター」と呼ばれる。つまり，打率3割はバッターにとって1つの目標点となる。シーズンの残り試合が5試合の時点で打率が「0.297」のような場合，この選手は3割を超えるような形でシーズンを終了させたいと強いモチベーションをもち，パフォーマンスが上がるかもしれない。Popeらは，3割より少し低い打率でシーズンを終了する選手の割合は統計的に考えられる割合に比べると少なく，逆に3割より高い打率でシーズンを終了する選手の割合が多いと予測した。この予測を検証するために，Popeらは1975年から2008年までのデータを用いて，分析を行った。結果として，この予測は支持され，打率が0.298，0.299でシーズンが終了した選手の割合は0.97%であったのに対して，打率が0.300，0.301で終了した選手の割合は2.30%と高かった。

Allen, Dechow, Pope, & Wu (2017) はマラソンにおける走破タイムに関する分析を行い，ラウンドナンバーの影響に関して，大変興味深い結果を報告している。この研究ではマラソン大会における走破タイムのデータ（総データ数は，9,789,093）に対して分析を行った。走破時間のデータを図5.5に記す。この図では，走破時間を1分刻みで分け，そこに該当するデータ数が示されている。走破時間がラウンドナンバーである3時間0分台，3時間30

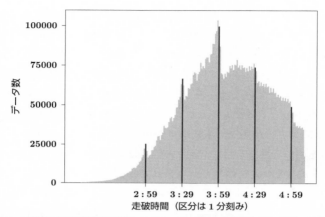

図 5.5 マラソンの走破時間の分布（Allen ら，2017 が公開しているデータより作成）。横軸は走破時間を 1 分刻みで区切り，縦軸はその区分に該当するデータ数を示している。図の色の濃い領域は，走破タイムが 2 時間 59 分台，3 時間 29 分台，3 時間 59 分台，4 時間 29 分台，4 時間 59 分台のデータ数を示している。

分台，4 時間 0 分台，4 時間 30 分台，5 時間 0 分台，それぞれ直前の 1 分間に走破したデータ数（図では色の濃い領域がここに該当する）に注目してみよう。ラウンドナンバーの走破時間に比べると，直前の 1 分間に走破した人の数が多い。Allen らは走破時間が 3 時間，4 時間 30 分のようなラウンドナンバーが目標時間となり，ランナーは目標時間より早く走りきろうとするために，ラウンドナンバーの直前の時間（例えば，2 時間 59 分台，4 時間 29 分台）で走り切る人が多くなり，このような結果が得られたのではないかと述べている。

　またラウンドナンバーは私たちの日常的なコミュニケーション場面でも影響を与えている可能性がある。例えば，「京浜東北線で品川から横浜までの乗車時間はどのくらいですか」と人に聞いた際に，「30 分」，または「34 分」と回答が返ってきたとする。私たちは，後者の場合のほうが，回答した人は確信をもって回答してお

り，より正確なように感じる（なお，Yahooの路線情報検索によると，京浜東北線で品川–横浜間の乗車時間は28分であり，30分のほうが近い）。このように，ラウンドナンバーを使用しているか否かによって，私たちは話し手の確信度を感じ取っている可能性が考えられる。Jerez-Fernandez, Angulo, & Oppenheimer (2013) はこの点を実験的に検討した。この研究では，「ナイル川は何マイルか」といったような一般的な知識に関して，「2,600マイル」と回答した人と，「2,611マイル」と回答した人に，回答への確信度について尋ねたところ，ラウンドナンバーを使用していない人のほうが，回答に対して強い確信度をもっていると考える傾向にあることがわかった。また，Mason, Lee, Wiley, & Ames (2013) は数値を伴う交渉場面でラウンドナンバーを使用した場合の影響について実験的に検討している。値段の交渉の際に，私たちはラウンドナンバーを使いがちである。しかしラウンドナンバーではない細かい数値を使用した場合のほうが，交渉に効果的に機能する可能性を示している。

　以上のように，ラウンドナンバーは，気がつかないうちに私たちの行動に影響を与えているのである。また，コミュニケーション場面でも私たちの認知に影響を与えており，話者の確信度を知る手がかりとなっていたり，交渉が効率的に進むか否かにも影響を与えている可能性がある。

5.3.2　ゾロ目の影響

　ゾロ目とは，2桁以上の数値列がすべて同じ数字で構成されている数値列のことを指す。ゾロ目は特別な意味合いをもつ数値として使われることがある。例えば，「777」はスロットマシーンで大当たりであり，また「666」は新約聖書で獣の数字として記され，悪魔や悪魔主義的なものを指すとされている。このような事例は，ゾ

ロ目が私たちの認知に影響を与えている可能性を示している。実際，経済学的研究でゾロ目と結婚について大変興味深い報告がなされている。Kabátek & Ribar (2018) のオランダにおけるデータによると，ゾロ目とみなせる 1999 年 9 月 9 日（外国では 9.9.99 と表記される場合がある）に結婚する人が通常の日よりも多いとのことである。このことは，私たちがゾロ目に関して特別な意味を見いだし，それが行動に影響を与えていることを示唆している[16]。

このように，ゾロ目は私たちの行動や認知に影響を与えていると思われる。それでは一体どのようなメカニズムでその影響は説明されるのであろうか。筆者らは，ゾロ目が私たちの行動や認知に与える影響のメカニズムについて，次のような仮説を立てた (Honda, Matsunaga, & Ueda, 2020)。数値配列の性質を考えてみるとゾロ目は希少である。例えば，00 から 99 の 2 桁の数字でいえば，ゾロ目の割合は 0.1 であり，000 から 999 までの 3 桁の数字では 0.01 である。私たちは，希少なものと，そうではないものの違いに非常に敏感であり，希少性が，仮説検証，確率判断，コミュニケーションに影響を与えていることが知られている (Dai, Wertenbroch, & Brendl, 2008; Honda & Matsuka, 2014; Mckenzie & Mikkelsen, 2000)。また 5.2.2 項でも述べたように，希少なものは価値があるとみなされる傾向にある (Cialdini, 2001)。これらを踏まえ，ゾロ目の数値列は特徴的で覚えやすかったり，また特別な価値が見いだされやすいのではないかと考えた。

一方で，ゾロ目は私たちにいつも影響を与えるのであろうか。

---

16) なお，この研究によると，このような日に結婚した人は離婚率も高いらしい。しかしこの結果から，「ゾロ目の日に結婚する」→「離婚につながりやすい」という図式が成り立つわけではないことにご留意いただきたい。あくまでも，「ゾロ目の日に結婚している人」は「離婚率が高い」という関係性が示されているだけである。この関係性が生み出される，背景にあるメカニズムについて明確なことはわからない。

以下のような場面を考えてみよう。青いサイコロと赤いサイコロを1つずつ振り，その出た目でプレゼントがもらえるか否かが決まるゲームを行うものとする。このとき，プレゼントがもらえるサイコロの目をどのように設定するだろうか。このような場合，例えば [青1赤1]，[青6赤6] のようにゾロ目に設定することが多い。一方で，「[青1赤1] と [青3赤5] どちらのほうが出やすいか」と尋ねられた場合には，「どちらも同じ確率で出る」と回答するのではないだろうか。これらの回答の違いは，覚えやすい数値列か否か，また数値に特別な意味をもたせたいか否かによって，生み出されているのではないかと考えられる。前者の「プレゼントをもらうためのサイコロの出方」のように，数値列を覚えやすくしたり，また数値列に対して特別な意味合いをもたせたい場面では，ゾロ目か否か（希少か否か）に対して私たちは敏感になり，希少であるゾロ目は価値がある数値列として好まれるのではないかと予想した。一方で，後者のように，確率，統計的な判断が求められる場面では，ゾロ目は数値列の1つとみなされ，ゾロ目か否かの違いを気にしなくなると予想した。

　この予想を検証するために，Honda ら (2020) では誕生日に関する判断課題を実施した。この課題では，ある対象の誕生日が二者択一の選択肢のどちらであると思うかという判断が求められた。例えば，「アメリカのトランプ大統領の誕生日は，8月8日と8月17日，どちらであると思うか」[17)]といったような課題である。この課題で重要となる点は以下の2点である。1点目は判断の対象であ

---

17)　トランプ大統領の実際の誕生日は6月14日である。この実験は誕生日に関する知識を問うものではなく，ゾロ目が判断に与える影響について調べることを目的としていたために，選択肢の誕生日として，ゾロ目の誕生日とゾロ目ではない誕生日を任意に選択し設定した。なお，本文でも述べているように，実験に参加した人は判断対象の誕生日について知識がないことを確認している。

る。判断の対象は「トランプ大統領」のように実在する人物か，あるいは「ドラえもんに出てくるスネ夫」のように，仮想的なキャラクターのいずれかであった。2点目は，ゾロ目となるような誕生日（8月8日）とゾロ目ではない誕生日（8月17日）が選択肢として提示されたことである。

　ここで対象の違いが私たちの判断に与える影響について考えてみよう。もし誕生日についての明確な知識がないのであれば（この実験に参加した人は，対象の誕生日について知らなかった），以下のような判断により，選択がなされるのではないだろうか。仮想的なキャラクターの誕生日を設定する際，覚えやすくしたい，または特別な特徴をもたせたい，と考える人が多いのではないだろうか。このことから，仮想的なキャラクターの誕生日の判断を求められた場合，私たちはゾロ目か否かについて敏感になり，ゾロ目の選択肢の選択率が高くなるのではないかと予想した。一方で実在する人物の場合，この課題は誕生日に関する統計的な判断が求められる課題とみなされ，どの日に生まれるかは確率的にしか決まらないと判断され，2つの選択肢の間で選択率に差異はみられないと予想した。

　実験の結果はこの予想と一致し，対象が仮想的なキャラクターの場合はゾロ目の選択肢が選ばれやすく，実在する人物の場合は2つの選択肢間で選択に差異は見られなかった（なお，仮想的なキャラクターの誕生日として設定されやすい日と，実際の出生日の比較についてはコラム⑦を参照）。

　さらに Honda ら (2020) は，ゾロ目が選択に与える影響についても，以下に説明する2つの課題から検討した。1つ目の課題は，ワイン好きな友人の誕生日にワインボトルをプレゼントする際のボトルナンバーの選択である。具体的には，「111」，「112」，「113」，「114」のうち，どのボトルナンバーのボトルをプレゼントとして購入したいかを尋ねた。2つ目の課題は，車のナンバープレートを

取得する際のナンバーの選択である。この課題では，車を購入してナンバープレートを取得する際，「11-11」，「11-12」，「11-13」，「11-14」のうち，どのナンバープレートを取得したいかを尋ねた。またこの課題を実施する際，個々の興味が選択に与える影響についても同時に調べた。例えば，ワイン好きな人はボトルナンバーに強いこだわりを見せる一方，ワインにあまり興味がない人はボトルナンバーをあまり気にしないかもしれない。同様に，車好きの人はナンバープレートにこだわりを見せる一方，車に興味がない人はナンバープレートの数字はどれでもよいと思うかもしれない。この点を検証するために，ワインのことについては強い興味をもつ一方で車には興味がない人，その逆に車については強い興味をもつ一方でワインには興味がない人，このような人を対象として実験を実施した。結果として，個人がワイン（または車）に興味があろうとなかろうと，ゾロ目のワインボトル，またはナンバープレートが選択されやすかった。

このように，ゾロ目の影響は個人によって大きく変化するわけではない。興味がある対象であろうとなかろうと，ゾロ目は，注意を引きやすく，価値が見いだされやすい数字なのだと言えよう。

コラム⑦：仮想的なキャラクターの誕生日として設定される日と実際の出生日の比較

「キャラクター誕生日 366」(https://days366.com/) というウェブページには，漫画をはじめとして，さまざまな仮想的なキャラクターの誕生日の情報が掲載されている。このページに掲載されている情報をもとに，仮想的なキャラクターの誕生日として，どの日が設定されやすいのかを調べた（なお，以下に示すデータは 2020 年 8 月 7 日に行った検索に基づいている）。同時に，実際の出生日として，どの日が多いのかを，政府統計のポータルサイト e-Stat (https://www.e-stat.go.jp/) で公開されている 2018 年の人口動態調査のデータに基づき調べた。このデータをコラム図 5 に示す。この図では，Honda，

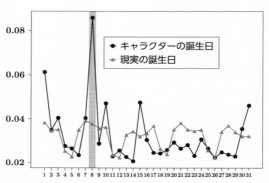

コラム図5　8月で，キャラクターの誕生日として設定されやすい日（黒）と実際の出生日（グレー）の分布

Matsunaga, & Ueda (2020) が実験で検証している8月に関して，黒の線とポイントがキャラクターの誕生日として設定された日を示し，実際の出生日はグレーの線とポイントで示している。そして，横軸は日にち，縦軸はその日がキャラクターの誕生日として設定された（また実際の出生日の）割合を示している。なおグレーで塗られている部分がゾロ目の日（8月8日，月日がすべて同じ数字となる日）を示している。

　この図からもわかるように，ゾロ目の日が誕生日として設定されやすいことがわかる。本文でも述べているように，ゾロ目の日は覚えやすい，あるいは"価値"をもたせたいといったことから，誕生日として好まれやすいことをこのデータは示唆している。

5.4　まとめ

　本章では，名前や数字が私たちの行動や認知に与える影響について紹介した。まず名前に関して，名前がそれを見た人の判断や評価に影響を与えること，また名前がその名前の持ち主に影響を与えていることを説明した。次に，数字の影響について，特殊な数値列であるラウンドナンバーとゾロ目が私たちの行動や認知に影響を与えることを説明した。

名前の影響で注意すべきことは，多くの場合，その影響に私たちが気づいていない点である。例えば，自分のイニシャルのアルファベットが好きである，といったことは意識されることがあるものの，それが私たちのさまざまな行動や意思決定に影響を与えているとは多くの人は思わないだろう。しかも，野球の三振や成績に対する影響のように，好ましくない行動も生み出している場合があるとは想像さえしないであろう。また，名前の読みやすさや「…らしさ」に，私たちの認知は影響を受けていることも紹介した。これらは時として好ましくない判断や評価につながるかもしれない。人を評価する際は，その人自身がもつ人間性や能力を評価するべきであり，名前が読みやすいか否かは評価には関係しないはずである。名前の影響はバイアスに満ちた評価につながりうる。また，「…らしさ」はステレオタイプ（例えば，性別や人種）に基づいた判断を生む可能性があり，時として甚大な誤りや差別につながる可能性もある。その意味で決して合理的とはいえない。

　数値の影響も同様である。ラウンドナンバーを目標値と設定することが本質的に重要な意味をいつも生み出すとは限らない。例えばTOEIC を定期的に受験している人の結果が，698 点だった場合と702 点であった場合には，698 点であった場合のほうが次回へ向けて勉強をするモチベーションがより高まると考えられる。しかし，現実的には4 点の差が常に大きな意味をもつわけではない。継続的に高得点を狙っていくのであれば，ラウンドナンバーにとらわれずに，同じモチベーションを持ち続けることが合理的であろう。

　名前や数字の影響を回避することは容易ではない。本章で紹介したような名前や数字の影響を科学的な視点から理解することは学問的な意義があるだけではなく，私たちがよりよい行動や判断，評価，また意思決定をするためにはどのようにバイアスを回避するべきかについてヒントを与えてくれるのではないだろうか。

コラム⑧：名前の影響は本当に存在するのか：
批判的研究の紹介

　5.1 節で紹介した名前の影響についての先行研究に対して，批判的な議論も行われている。ここではその議論について紹介する。

　まずハリケーンの名前の女性っぽさが被害の大きさと関係があることを示した Jung ら (2014a) に対しては，いくつかの批判的なコメントがなされている。Christensen & Christensen(2014) は分析手法に問題があること，また報告された結果の解釈に不備があったことを指摘し，名前の女性っぽさと被害の大きさに関係があることを示す証拠はないとしている。Malter (2014) や Bakkensen & Larson (2014) は，Jung ら (2014a) の結果（名前の影響）が，使用した統計モデルの変数を変化させることによって（つまり，モデルに変化を加えることによって）分析結果は変わり，頑健に観察されるものではないことを示し，名前以外の変数によってハリケーンによる死者数が説明できるとしている。Maley (2014) は，Jung ら (2014a) では被害が極端に大きいハリケーンを外れ値として分析から除外しているが，外れ値の基準を変化させると名前の影響は見られなくなること，また被害が大きいハリケーンに女性っぽい名前がつくことは確率論的視点からはたまたまそうなっただけだと解釈しても不思議ではないと述べている。なお，これらに対して Jung らは再反論している (Jung ら，2014b, c, d)。

　Simonsohn (2011) は Pelham ら (2002) の研究に対して批判を行っている。まず，Pelham ら (2002) の知見が別の交絡要因から説明できる可能性について指摘した上で，「もし自分の名前に似た州を居住地に選ぶのであれば，その地域に留まるのではないか」という新しい仮説を立て，名前と居住地の関係について検証したところ，この新しい仮説を支持するような結果は得られなかったとしている。また職業と名前の関係についても，そもそもの Denis という名前の数が多いために，Denis という名前の歯科医も期待値より多く存在することを示した。また Nelson & Simmons (2007) の学業成績と名前の関係に対しては，逆因果の可能性を指摘している。つまり，高い GPA をとった両親は C や D で始まる名前を避け，結果として Nelson & Simmons (2007) で報告されたような結果が観察される可能性を議論している。

そして，イニシャルに "K" が入るバッターは三振になりやすい，という Nelson & Simmons (2007) の主張については，McCullough & McWilliams (2010) が統計分析の方法を再考した上で新たな分析を行った。結果として，イニシャルに "K" が入るバッターは三振になりやすいという主張は統計的なアーティファクト（人為的な作業によって意図せず生じるノイズ）によるものだと議論している。

　このように，統計モデルを構成する際，どのような仮定や説明変数を置くかによって結論が変わりうるため，名前の効果に関して，特に実世界のデータ分析に基づいて出された知見については慎重に解釈する必要がある。しかし，これらから名前の効果はない，と結論づけるのもまた早計である。Jung ら (2014a) をはじめとして，さまざまな実験室実験で名前の効果は実際に確認されており，名前の影響は検証対象として興味深い事柄であることは間違いないだろう。また批判的議論を行っている Simonsohn (2011) は，Pelham らの研究のもとになっている潜在的エゴティズムは存在し，それがさまざまな実世界における意思決定に影響するだろうと述べている。実際，Chandler ら (2008) の名前と寄付行動に関する知見は，潜在的エゴティズムの強い証拠であるとし，この結果を説明できるような交絡要因や逆因果の関係性はなく，名前が寄付行動に与える影響の存在を肯定的に捉えている。しかし同時に，Simonsohn (2011) は，効果の強さを十分に考慮する必要があることも述べており，名前が常に私たちの判断や意思決定に影響を与えていると考えることについては否定的である。例えば，どこに住むか，あるいはどのような職業に就くか，というのは生活において非常に重要な意思決定である。そのような場面で名前の効果が存在するという見解については Simonsohn (2011) は否定的である。

　以上をまとめると，名前の影響について，特にその認知的プロセスについて慎重に議論を進めていく必要がある。また，名前はどの程度の影響力を持ちうるかについて，判断や意思決定の文脈を考慮しながら議論を進めていく必要がある。

第6章 人をよい意思決定者にできるのか

―ナッジ, ブースト

　これまで述べてきたように, 私たちが行う判断や意思決定には系統的なバイアスが存在する。第5章で紹介した名前の例に見られたように, バイアスは時として非合理的な判断や意思決定に導く場合もある。このような, 非合理的な判断や意思決定に導くようなバイアスは正したほうがよい。バイアスを正す最も素直な方法は, バイアスが生じる場面について教育し, バイアスに陥らないようにさせることであり, 実際にそのような試みは多くなされている (Soll, Milkman, & Payne, 2015)。

　最後の章となる本章では, 私たちがよりよい判断や意思決定を行うための介入に関する近年の議論を紹介する。具体的には, 人間の認知がもつバイアスであるクセを "活用" してよい意思決定に導く「ナッジ」, および私たちがもっている認知的技量を "高める"「ブースト」という2つの介入法について紹介する。

6.1　ナッジ：バイアスを逆用して, よい判断, 意思決定に導く

　冒頭で述べたように, よい判断や意思決定に導くためには, 判断や意思決定時に生じるバイアスに陥らせないような教育を施す, というのが一番素直な方法である。しかし, バイアスをうまく「活用する」ことはできないだろうか。もし私たちが判断や意思決定時

に強いバイアスをもっているのであれば，それを逆手に取り，よい判断や意思決定に導いてしまえばよいかもしれない。このような，バイアスを逆手にとって，判断や意思決定をよい方向へ導く方法として，ナッジ (nudge) という考え方が近年，注目を集めている。"nudge" という英単語は "肘で軽く突く" という意味であり，ここでは，判断や意思決定をある方向へ向かせるような，さまざまな工夫を指す。ナッジという考え方は，Thaler & Sunstein (2008) によって提唱された概念であり，判断や意思決定者の "自由意思" を奪わずに，情報の提示法や選択構造を変化させることによって，判断や意思決定を "よい" 方向へ導く方法である。提唱者の一人である Thaler は 2017 年にノーベル経済学賞[18]を受賞し，以後，ナッジには特に注目が集まっている。例えば内閣府の出している「経済財政運営と改革の基本方針 2018〜少子高齢化の克服による持続的な成長経路の実現〜」[19]，ならびに「経済財政運営と改革の基本方針 2019〜「令和」新時代：「Society 5.0」への挑戦〜」[20]の両方でナッジについて触れられており，現実的な政策を考えていく上でもその有用性が注目されている。

　ナッジの背景には 2 つの考え方がある。1 つ目は，判断や意思決定を本人の意思に任せるという考え方（リバタリアニズム，自由尊重主義）である。これは，私たちの自由意思に関係する。私たちは何らかの方向に判断や意思決定を強制されると，よい気持ちがしない。自らの意思で判断や意思決定を行うのが好ましいと思うし，実際多くの人はそれを望むのではないだろうか。2 つ目は，よい判断

---

18) 本書で紹介してきた内容と密接に関連する研究を行ってきた人の中で，ノーベル経済学賞を受賞した研究者を，コラム⑨ → p.128 で紹介する。

19) https://www5.cao.go.jp/keizai-shimon/kaigi/cabinet/2018/decision0615.html

20) https://www5.cao.go.jp/keizai-shimon/kaigi/cabinet/2019/decision0621.html

や意思決定を代わりにやってあげようという考え方（パターナリズム，父権主義）である。例えば，親と小学生の子どもの取り決めを考えてみよう。平日，夜の7時から9時までどのように過ごすかを決める際に，子どもはゲームをしたいと思っていたとする。本人の意思に完全に任せるのであればこの子どもはゲームをすることになる。しかし平日の夜2時間，いつもゲームをするのは必ずしもよいことではない。その日の宿題や，次の日の予習などを行う必要があるからだ。親が「ゲームは夕食の前の30分だけやっていいよ。でも，7時から9時の間は宿題と予習をやりなさい」と子どもに教え，実際にこのように過ごさせるのは，必ずしも悪いことではない。この例のように，私たちは自律的に常によい判断や意思決定ができるわけではない。「よりよい」判断や意思決定ができると考えられる人に判断や意思決定を委ねるというのは，一つの賢明なやり方といえる。

　リバタリアニズムとパターナリズムという2つの考え方は背反する考え方である。リバタリアニズムは意思決定者の自由意思を尊重できるが，パターナリズムは尊重できるという保証はない。自由意思の反映という意味では，リバタリアニズムという考え方がよい。一方で，よい判断や意思決定になるかどうかは，リバタリアニズムでは意思決定者次第だが，パターナリズムは導く側次第，ということになる。私たちは判断や意思決定を行う際に，系統的なバイアスに陥り，誤った判断や意思決定を行うことがあることは繰り返し述べてきた。また，経験や知識が全くない場面では，どのような判断や意思決定を行うべきか，そもそも何がよい判断や意思決定なのかすらわからないこともある。そのような場合には，経験や知識が豊富な人に判断や意思決定を委ね，正しい方向へ「導いてもらう」パターナリズムのようなやり方がよいだろう。ただし，ここで難しいのは，いま述べた「正しい方向」の定義である。「正しい方

向」とは一体誰が決めるのであろうか。導く側が「正しい方向」と思っていても，意思決定者と考えが一致するかどうかはわからない。このように，自由意思と判断，意思決定がよいものになるかどうか，という2つの視点で見ただけでも，リバタリアニズムとパターナリズムという2つの考え方にはそれぞれ一長一短があることがわかり，単純にどちらがよいとは言えない。

そこで考えられることは，両者の中間的な考え方を取ることである。それがリバタリアンパターナリズムという考え方である (Thaler & Sunstein, 2003)。この考え方は，意思決定者に判断や意思決定を自由に行わせる余地を残しつつ，よりよいと考えられる方向に誘導する方法で，リバタリアニズムとパターナリズムの両方のよい面を活用しようとする考え方である。つまり意思決定者は自由に判断や意思決定ができ，かつ「強制的ではない」方法で判断や意思決定を誘導する。この誘導法は「肘で軽く突く」，すなわち「ナッジ」と呼ばれる。

ナッジの有名な例の一つとして，臓器提供に関する意思決定が知られている (Johnson & Goldstein, 2003)。図6.1を見てみよう。この図は，ヨーロッパ11カ国における，臓器提供への同意率を示している。ここで注目すべきは，黒いバーで示された国とグレーのバーで示された国の同意率の違いである。黒で示された国は100%に近い同意率を示している。一方で，グレーで示された国の同意率は非常に低く，25%にも満たない国が多い。このような大きな違いを生み出している要因は一体何であろうか。それは，提供に同意するかどうかを申告するためのドナーカードにおける初期値 (default) の違いである。黒で示された国では，初期値が「臓器提供へ同意する」となっており，もし提供したくない場合は提供したくない意思を示すための「オプトアウト方式」の意思決定（つまり，「同意しない」にチェックすること）が求められる。一方で，

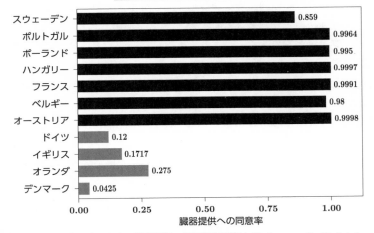

図 6.1 初期値の違いによる臓器提供への同意率の違い (Johnson & Golstein, 2003)

グレーで示された国では，初期値が「臓器提供へ同意しない」となっており，もし提供する場合にはその意思を示すための「オプトイン方式」の意思決定（つまり，「同意する」にチェックすること）が求められる。いずれのケースでも，意思決定者は臓器提供に関して，自由な意思決定を行うことができる。にもかかわらず，初期値の違いだけで臓器提供同意率に大きな違いが生み出される。一般的に，人は初期値から変えたがらない。これにはいくつかの理由が考えられる。具体的には，Johnson & Goldstein (2003) は，(1) 初期値が潜在的に勧められている行為であることを示唆する，(2) 初期値からの変更はさまざまな労力を要するが，初期値のままではそういったことがない，(3) 現状維持バイアス[21]，などが要因として考

21) 現状から変更すると，今までなかったものを得られる一方で，今まで得られていたものを失うことになる。人は一般的に「得る」ことよりも，「失

えられると指摘している。いずれにせよ，人は初期値から変えないという強い行動傾向，すなわちバイアスを示すということである。

　この「初期値から変えない」バイアスを逆用しようとするのが，ナッジの考え方である。つまり，人は「初期値」という「肘」で突かれて，「提供する」，「提供しない」という意思決定を行っていると考えられるので，逆に言えば，肘で突いて決定を誘導すればよいのである。臓器を提供するという人が増えればそれだけ助かる命は増え，社会にとっては望ましいことだろう。初期値を「提供する」と設定するだけでその割合が増えるのであれば，そのように初期値を設定することによって，社会にとって望ましい方向へ意思決定を誘導できることになる。ここで注目すべきは，意思決定者の自由意思は失われていないという点である。意思決定者は，初期値がどのようなものであれ，臓器を「提供する」，「提供しない」のいずれの意思決定も行うことができる。

　同様に，初期値の効果を用いた有名なナッジとして，"Save More Tomorrow" が挙げられる (Thaler & Benartzi, 2004)。人は貯蓄をしたいと思う一方で，今，お金を使いたいと思ってしまうことも多い。貯蓄するには，いろいろとやりくりすることを考える必要があり，心理的負担も大きいので，うまくいかない場合も多い。しかしながら以下のような，簡単な工夫がなされたプログラムで，貯蓄額をうまく増やすことができる。その工夫とは，給与の一定の割合を貯蓄に回し，給与が上がるごとに貯蓄に回す金額の割合を上げるというものである。さらに，最初からこのような貯蓄プログラムに加入した状態にしておく。つまり，この貯蓄プログラムに「加入」した状態を初期値にし，もしこのプログラムが気に入らなけれ

　う」ことのほうに心理的に強いインパクトを感じるので，現状に留まろうとする傾向が強いことが知られている。そのような傾向は現状維持バイアスと呼ばれる。

ば，加入しない手続きを取る。このように加入を初期値にすると，臓器提供の場合と同様に，多くの人はこのプログラムに加入したままになり，結果としてこのプログラム以外の方法で貯蓄を行う人に比べて，貯蓄額は多くなることが知られている。

　この初期値によるナッジ[22]以外にも，さまざまなナッジが存在する。例えば，対象の「取りやすさ」を利用したナッジとして，カフェやレストランで健康的な食品を多く摂取させるための方法が有名である (Bucher ら，2016; Thaler & Sunstein, 2008)。これは，提供する食品の種類は一切変えずに，健康的な食品をより多く取らせる工夫であり，その方法は以下のようなものである。ブッフェでは，道順に沿って食品を取っていく場合が多い。そこで野菜を中心とした健康的な食品を道順の最初に配置し，フライドポテトや糖分の多いデザートなど，健康的ではない食品を目線の高さにある棚から遠ざける，つまり取りにくい場所へ配置した。このようにすると，取りやすいところにある健康的な食品は多く選ばれ，一方で取りにくいところに配置されている，健康的ではない食品があまり取られなくなる。結果として健康的な食品を多く摂取するようになることが知られている。また，第2章で紹介したフレーミング効果もナッジとして活用できる可能性がある。一般的に，「この牛肉は 30% の脂肪分を含む」と記載される場合よりも，「この牛肉は 70% 赤身を含む」と記載されているほうがポジティブな印象が食品に対して持たれやすい。例えば，より健康的な食事を促すために，人々の肉の消費量を減らしたいと考えているのであれば，「30% の脂肪分を含む」と記載すれば，牛肉を食べないという行動をナッジできる。

---

22)　なお，初期値に留まるのではなく，初期値から「変えたくなる」場合が存在することもある。それについては，コラム⑩ → p.129 を参照のこと。

コラム⑨：意思決定科学とノーベル経済学賞

　本書では，意思決定科学の研究を，特に認知科学的，心理学的な研究を中心に紹介してきた。ここでは，本書で紹介している研究と密接に関係する研究を行ってきた人の中で，ノーベル経済学賞を受賞した研究者である，Herbert, A. Simon, Daniel Kahneman, Richard, H. Thaler について紹介する。

　Simon は 1978 年に受賞した。その受賞理由は "for his pioneering research into the decision-making process within economic organizations"（経済組織における意思決定プロセスに関する先駆的な研究に対して）とされている。Simon は本書で考えてきた「よい判断，意思決定とは何か」という問題，特に合理性について，「限定合理性」という非常に重要な概念を提唱している。Simon の業績は，意思決定科学はもちろんのこと，心理学，人工知能，経済学など，非常に広い領域にわたる。Google Scholar で引用件数を調べてみると，その数は 372,378 となっており（2020 年 8 月 26 日現在），この数からも Simon の研究がいかに影響力を持つものであるかを見て取れる。Kahneman は 2002 年に受賞した。その受賞理由は "for having integrated insights from psychological research into economic science, especially concerning human judgment and decision-making under uncertainty"（心理学の研究から得られた知見，特に不確実性の下での人間の判断と意思決定に関する研究を経済学に統合したことに対して）とされている。第 2 章で紹介したフレーミング効果などの意思決定研究，また第 3 章で紹介したヒューリスティックの研究などが非常に有名であり，1970 年代から 2000 年代初頭まで，意思決定科学分野を心理学的研究で牽引してきた研究者である。なお，多くの研究を A. Tversky と一緒に行ってきたものの，Tversky は 1996 年に亡くなったためノーベル賞を受賞するに至らなかった，といわれている。Thaler は 2017 年に受賞した。その受賞理由は "for his contributions to behavioural economics"（行動経済学への貢献に対して）とされている。経済行動における心理，認知，感情等の影響について考慮していく行動経済学を牽引してきた研究者である。ナッジは Thaler の数多くの有名な業績の一つである。なお，上述の受賞理由はノーベル財団のウェブページからの引用である。

Simon の受賞理由：https://www.nobelprize.org/prizes/economic-sciences/1978/summary/

Kahneman の受賞理由：https://www.nobelprize.org/prizes/economic-sciences/2002/summary/
Thaler の受賞理由：https://www.nobelprize.org/prizes/economic-sciences/2017/summary/

コラム⑩：いつも初期値に留まるわけではない： 新型コロナウイルスの特別定額給付金の記入欄がナッジすること

　2020 年，新型コロナウイルス感染症 (COVID-19) の感染拡大に伴い，家計への支援として，給付対象者 1 人につき 10 万円を支援する特別定額給付金事業が実施されることになった。この申請書が一時期，話題となっていた。コラム図 6 に筆者が居住する地域の役所から送付されてきた申請書を示す（なお，申請書は居住する地域によって異なるので，すべての申請書がこれと同じではない）。

　この申請書では，初期値が「受け取る」になっており，必要がない場合は「不要」にチェックを入れる書式になっている。多くの人は申請するという前提のもとで，人は初期値に留まる傾向にあるため，それを踏まえてこのような書式を採用したのかもしれない。もしくは記入者に「チェックを入れる」という手間を，些細ではあっても省いてもらおうという親切心からこのようにしたのかもしれない。

　しかしながら，このような書式の申請書に対して，紛らわしいという批判が多かった。図のような書式だと，私たちは「申請する」＝「チェックを入れる」という構図が頭の中にできあがっており，無意識

コラム図 6　特別定額給付金の申請書の一例。なお，居住する地域によって申請書は異なる。この例は筆者の居住する地域の申請書である。

のうちにチェックを入れてしまうようだ。結果として，チェックを入れ，「申請しない」を選択して申請書を返信した人（もちろん，本当は申請するつもりであったと考えられる）が少なからずいたようだ。結局，個別の確認作業が必要になってしまい，事務処理に余計な負担がかかってしまったとのことである。

　この例からもわかるように，私たちは常に初期値に留まるというわけではない。どのような意思決定を行うか，その尋ね方のデザインも大きく影響する。初期値によるナッジを活用する場合，人が「初期値に留まる」と単純に考えるのではなく，意思決定者へどのように最終的な決定を尋ねているかに注意し，その書式にも十分に配慮することが必要である。

6.2　本当に自由意思は反映されているのか： ナッジに対する批判的議論

　前節で紹介したように，ナッジは，政策立案者の視点から見ると大変有効な方法に見える。社会にとって望ましいと考えられる，臓器提供に同意する人の数を増やすためにすべきことは，初期値を「提供」に設定するだけである。コストはほとんどかからない，非常によい施策に思える。しかし，このようなナッジの手法に対する批判的な議論もある。ここではそれを紹介する。特に，Reijula & Hertwig (2020) の議論に基づき，ナッジの実用的，道徳的な観点から，意思決定の自律性，意思決定の逆転可能性，私的な場面における効果と副作用，選好の同定，の4つについて考察する。

　まず，意思決定の自律性に関する問題を，臓器提供の例で考えてみよう。初期値は「提供する」となっており，人が「提供する」という意思決定を行った場合，その人は実際に提供したいと思っているのであろうか。同様に，初期値は「提供しない」となっており，人が「提供しない」という意思決定を行った場合，その人は実際に提供したくないと思っているのであろうか。初期値によるナッジ

は，初期値から変えないという私たちのバイアスを利用したナッジである。私たちは自分たちの選択に「気がついていない」だけであると解釈することもできる。この解釈に基づけば，私たちは自律的な意思決定を行っているとはいえないだろう。いくら選択の自由が残されているといえども，初期値に誘導された選択を行っているだけなのかもしれない。

　2つ目の問題である意思決定の逆転性について考えてみよう。もし自由意思が意思決定に十分に反映されるのであれば，初期値とは異なる意思決定を行いたい場合，そのような意思決定がなされるべきであろう。ここで再度，図6.1を見てみよう。初期値が「臓器提供する」となっているオーストリアでは99.98%の人が「臓器提供をする」という選択を行っている。このことは，「提供しない」という，初期値とは逆の選択を行った人はごくわずかであることを意味している。言い換えれば，初期値が非常に有効に機能しており，逆の選択がほとんどなされていないことを意味する。したがって，ナッジが有効に機能しているということは，皮肉なことに，ナッジの最も重要な点である，意思決定者の自由意思を尊重することができなくなる場合が存在することを意味する。

　3つ目の私的な場面における効果と副作用について考えてみよう。ナッジは通常，臓器提供など，公共的な意思決定問題に対してなされることが多く，かつ特定の文脈についてのものである。理想をいえば，公共的な問題に関してナッジされた意思決定が別の行為に対して一般化されるとよい。例えば「臓器提供をする」という意思決定にナッジされた場合，公共的な問題に対する関心が強くなり，結果として行動が全般的に向社会的になることが理想である。しかし個々人が日々の生活で行う意思決定は多岐にわたり，また文脈も大きく異なるので，ある公共的な意思決定に関するナッジが日々のさまざまな決定行動にまで波及することはあまり期待できな

い。言い換えれば，ナッジは臓器提供に関する意思決定など，非常に限られた場面で向社会的な行動に導くことはできても，「向社会的な」態度を形成させることまで期待はできない。あるいは逆にナッジは副作用をもたらす可能性も考えられる。例えば，先に挙げたブッフェでの工夫について考えてみよう。ブッフェで工夫された配置の効果で，昼食に健康的なものを多く食べたとする。昼食で「健康的なものをたくさん食べた」という記憶は，夕食に何を食べるかについての意思決定に影響を与える可能性が考えられる。特に，「今日の昼食は健康的なものをたくさん食べたから，夕食は好きなものをたくさん食べよう」となり，結果的に（味はよく，美味しいのだが…）油分，塩分，カロリーが多い不健康なものをたくさん食べてしまい，1日を通じて見たときには不健康なものをよりたくさん食べてしまった，ということが生じるかもしれない。一般的に，「よい」ことを行ったあとで「悪い」行動を取る確率が高くなるというライセンシング効果が知られており (e.g., Khan & Dhar, 2006)，ナッジによって望ましい方向に意思決定が導かれることが，気がつかないうちに「副作用」を生み出している可能性も考えられる。

　最後の，選好の同定について考えてみよう。人はさまざまな好みをもち，また幸福感の感じ方も人それぞれである。このような中，政策決定者がある一つの方向へ意思決定をナッジすることは，本当に人びとの幸福につながるといえるのであろうか。例えば，臓器提供の例のように，ある程度コンセンサスが取れるような問題であれば（恐らく，ほとんどの人は「臓器を提供する」という選択がよい選択だと判断すると思われる），初期値によってナッジすることは必ずしも悪くないかもしれない。しかしながら，このように単純に片が付く問題だけではない。人によって考え方が大きく異なる問題も多い。先に挙げたブッフェでの工夫についても，あまりにも健康的な食事を意識しすぎるようになり，食事を単なる健康的な栄養摂

取としか考えなくなってしまうかもしれない。結果として，食事を
する楽しみを失ってしまい，それがストレスの原因になってしまっ
たとしたら，幸福なことと言えるのであろうか。それでは，政策決
定者は人に対してどのようにナッジするべきなのであろうか。

　以上の通り，ナッジには実用的，倫理的視点からさまざまな問題
が存在すると考えられる。例えば倫理的視点の問題である意思決定
の自律性，逆転性は，ナッジの最も重要な性質だと考えられる，意
思決定者の「自由意思の尊重」を犯す問題と言えるかもしれない。

　初期値によるナッジにはこの問題が伴うが，解決法も提案され
ている。それは初期値の透明性を高めるという方法である。具体
的には，初期値について事前に知らせ，強く意識させた上で意思決
定を行わせるというものである。このような手続きを取れば，意思
決定者が全く気づかないうちに決定が誘導されることにはならず，
自律性と逆転性の問題は解消されるといえる。Loewenstein, Byce,
Hagmann, & Rajpal (2015) は，このような初期値の影響を事前
に開示することがその後の意思決定に与える影響を実験的に分析
した。この研究では，延命治療にまつわる仮想的な質問が行われ，
「苦痛を伴う延命治療を行う」（以下，「延命的治療」と呼ぶ），ある
いは「延命につながらなくてもよいので，苦痛や苦しみを伴わない
治療を行う」（以下，「緩和的治療」と呼ぶ），「どちらがよいとも言
えないので，専門家 (health care providers and agent) に指示を仰
ぎたい」（以下，「選択なし」と呼ぶ），のうちどの選択肢を選ぶか
を尋ねた。この際，初期値は延命的治療，緩和的治療のいずれかに
設定されていた。この研究において注目すべき実験的操作は，事前
に初期値の影響について説明を行った点である。具体的には，「選
択には，条件ごとに以下のような形で初期値が設定されています。
ある条件では，延命的治療にチェックされています。また別の条
件では，緩和的治療にチェックされています。もし別の選択に変

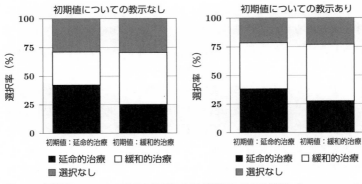

図 **6.2** 初期値についての事前の教示の有無が選択に与える影響。**Loewenstein** ら (2015) のデータより作成。

えたい場合は，異なる選択肢を選ぶ必要があります」といったように，初期値に関する教示がなされたことである。このような教示を行えば，少なくとも誘導や，潜在的に「お勧め」の選択肢を初期値が提示していることにはならない。このような初期値に関する事前提示の有無が選択に与える影響を実験的に検討した結果を図 6.2 に示す。図からもわかるように，初期値に関する事前の教示の有無は選択の傾向に大きな影響を与えなかった。この結果より，Loewenstein らは，初期値の設定によるナッジは効果が失われることなく，透明性をもって実施可能なことを述べている。この議論に基づけば初期値を用いたナッジの倫理的な問題は，初期値の透明性を高めるという方法で解決できるかもしれない。

6.3 ブースト：人間がもっている認知的技量を高め，よい判断，行動，意思決定を引き出す

本節では，ナッジとは対比的な方法でよい意思決定を引き出す方法として近年議論されているブースト (boost) について紹介する。

ブースト (Hertwig & Grüne-Yanoff, 2017; Grüne-Yanoff & Hertwig, 2016) とは，"to improve people's competence to make their own choices," "on interventions that make it easier for people to exercise their own agency by fostering existing competences or installing new ones" (Hertwig ら，2017，p.974 より) である。日本語でいえば，私たちがもっている認知的技量 (competence) を高める，あるいはまた新たな技量を獲得させることによって，人が自律性を維持しつつ判断や意思決定をできるようにするための介入を行うことを意味する。以下では，正確な確率的判断の促進と家族に健康的な食事を提供するための方法の2つを，ブーストの例として紹介する。

6.3.1 正確な確率的判断の促進

正確な確率的判断の促進の例として，ベイズ的確率判断における頻度提示の効果について説明する。以下のような問題を考えてみよう（Gigerenzer & Hoffrage, 1995 より作成）。

習慣的にスクリーニング検査を受けている 40 歳の女性が乳がんである確率は 1% です。もし女性が乳がんであるならば，マンモグラフィーで陽性と診断される確率は 80% です。もし女性が乳がんではない場合に，誤って陽性と診断される確率は 9.6% です。ある 40 歳の女性がマンモグラフィーの検査を受けて陽性と診断されました。この女性が実際に乳がんである確率は何 % でしょうか？

ここで，乳がんであることを H, 乳がんではないことを −H, またマンモグラフィーで陽性と診断されることを D と表記する。この問題の正解はベイズの定理（詳細はコラム⑪ → p.137 を参照）に基づいて以下のように計算できる。

$$p(H|D) = \frac{p(D|H)p(H)}{p(D|H)p(H) + p(D|-H)p(-H)}$$

$$= \frac{(0.80)(0.01)}{(0.80)(0.01) + (0.096)(0.99)}$$

　正解は 7.8% である。思ったより低いという印象はないだろうか。この問題では 80% と回答する人が多く，直感的な印象と実際の数学的な正答には大きなギャップがある。このようなことから，ベイズ的確率判断問題は一般に難しい問題とされている。

　次に，類似した問題として以下の問題を考えてみよう。

　　習慣的にスクリーニング検査を受けている 40 歳の女性の 1000
　　人中，10 人が乳がんです。乳がんである女性 10 人のうち 8 人
　　がマンモグラフィーで陽性と診断されます。乳がんではない女
　　性の 990 人中，95 人も陽性と診断されます。ここで，習慣的
　　にスクリーニング検査を受けている 40 歳の女性で，マンモグ
　　ラフィーで陽性と診断された人が 100 人いるとします。これ
　　らの女性の 100 人中，何人が実際に乳がんでしょうか？

　この問題に対しては，どのような印象をもつであろうか。問題文の情報に基づくと，1000 人のうち陽性と診断されるのは，実際に乳がんである人の 8 人，また実際には乳がんではない人の 95 人である。これを踏まえると，陽性と診断されて実際に乳がんである割合は 8/(8 + 95) であり，およそ 8% 弱くらいであるとわかる。よって，陽性と診断された 100 人のうち，実際に乳がんであるのは 7，8 人くらいということになる。

　最初の問題と次の問題は，数学的には全く同じ問題である。違いは，問題を「何%」のように確率で表現するか，あるいは「何人中何人」のように頻度で表現するかの違いである。ベイズ的確率判断

課題は頻度で表現されると，その正答率が劇的に上昇することが知られており (Gigerenzer & Hoffrage, 1995)，子どもでも回答できるようになることが示されている (Zhu & Gigerenzer, 2006)。

　この例は，私たちはベイズ的確率判断が必ずしも苦手ということではなく，回答しやすい形で問題が提示されれば，正しく回答できることを示している。ここで，私たちがベイズ的確率判断を求められる場面に出くわす状況を考えてみよう。もしその場面で問題を確率的にしか捉えられないのであれば，私たちは誤った回答（さらには，正解とかなり乖離した回答）を行ってしまうかもしれない。それに対して，もし問題を頻度的に解釈することができるのであれば，私たちが正確に回答できる可能性は高くなるだろう。ブーストとは，このように，私たちがもともと持っている認知的技量（この例では，頻度的に表現されれば，確率判断課題に正しく回答できること）を活用できるように介入することである。具体的な例としては，Sedlmeier & Gigerenzer (2001) での報告が挙げられる。この研究では，確率的に表現された問題から頻度的な解釈ができるように学習させたところ，頻度的に解釈することで正解するという「認知的技量」が 15 週間にわたり継続したことが示された。ここで重要なのは，私たちが問題を頻度的に捉えるようになり，それによって判断が正確になり，そしてそれがすべて自律的に達成されているという点である。

コラム⑪：ベイズの定理

　ベイズの定理とは，条件付き確率に関して成り立つ数学的な定理であり，一般的には以下のように定義される。

$$p(B|A) = \frac{p(A|B)p(B)}{p(A)}$$

これは，事象 A が起こった際に事象 B が生じる確率のことを指す。

本文の例で説明すると，事象 A は「検査を行って陽性となる」ことを意味し，事象 B は「乳がんを罹患している」ことを意味する。つまり，上の式の左辺は，「検査を行って陽性である際に，乳がんを罹患している確率」を意味する。右辺の分母の $p(A)$ は，「検査を行って，陽性となる確率」を意味する。陽性となるケースというのは，

ケース1：「実際に乳がんを罹患している人が検査を行って陽性となる」
ケース2：「実際には乳がんを罹患していない人が検査を行って陽性となる」

の2ケースであり，それぞれの確率を求め，それを足し合わせることで $p(A)$ を求めることができる。ケース1となる確率は，全女性の1% の乳がんを罹患している人の中で，検査をして陽性となる確率は80% なので，0.01×0.8 となる。ケース2となる確率は全女性の99%の乳がんを罹患していない人の中で，検査をして陽性となる確率は9.6% なので，0.99×0.096 となる。分子の $p(A|B)$ は，「乳がんを罹患している人が陽性となる確率」，また $p(B)$ は「乳がんを罹患している確率」である。つまり，分子で求める確率はケース1で求めた確率と同じである。

6.3.2 家族に健康的な食事を提供するための方法

　現代では，飢えに悩むことは少なくなったといえる。逆に，食べ物の脂肪分，カロリー，糖分を気にすることが多くなった。このように，「どのようにして栄養を確保していくか」ということから，現代では逆に「脂肪，カロリー，糖分を抑えて，どのようにして健康的なものを食べるようにするか」ということに悩みが変わったと言えるかもしれない。例えば，子どもをもつ家庭では，親は子どもに可能な限り健康的なものを食べてもらいたいと願う。しかし子どもはスナック菓子が好きであったり，また野菜を好まない場合もある。そのため，食べるものが不健康になりがちである。それでは，家族で一緒に食事をする時に，子どもに可能な限り健康的なものを

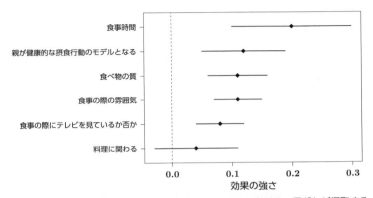

図 6.3 Dallacker, Hertwig, & Mata (2019) における，子どもが摂取する食事の質を向上させ肥満リスクを抑えることに対して，家族で共にする食事がどのように影響しているのかに関するメタ分析の結果。「効果の強さ」とは，子どもの摂食行動に対するポジティブな影響を意味する。

食べてもらうにはどのようにすればよいだろうか。

　Dallacker, Hertwig, & Mata (2019) は，子どもの摂取する食事の質と肥満リスクに，家族で一緒に摂る食事がどのような影響を与えているかについて調べた 40 以上の先行研究をメタ分析[23]した。結果として，図 6.3 にあるような，6 つの要因が明らかになった（図の「効果の強さ」とは，子どもの摂食行動に対するポジティブな影響を意味する）。子どもに健康的なものを食べさせたいと考えるとき，直感的にまず思いつくことは毎回の食事で健康的なものを作ることである。この点は，「食べ物の質」にあるように，ポジティブな効果をもたらす。この結果は，ある意味当然と言えるかもしれない。しかし興味深いのは，通常では気づきにくい要因も影響を与えている点である。例えば，「食事の時間」（家族で食事をする際に長い時間を費やす）はすぐには思いつかない要因であるが，メ

---

[23]　複数の研究の結果を統合し，より高い視点から新しい知見を得ることを目的として行う分析。すでに得られている分析結果の分析を意味する。

タ分析の結果では最も効果的であるという結果が出ている。

　このメタ分析の結果に基づき，子どもに健康的な食生活を効果的に身につけさせるための，家族で食事をする際のルールを作ることができる (Dallacker, Mata, & Hertwig, 2019)。例えば，「食事の際はテレビをつけない」，「よい雰囲気で食事をできるようにする」，「食事にできるだけ時間をかける」，「健康的な摂食行動の見本を親が示す」，「子どもと一緒に料理をする」といったようなものである。これらは，ちょっとした工夫で実行できることが多く，そして基本的に大きなコスト（特に，金銭的なコスト）はかからない。また，それぞれの家庭の事情に合わせて調整することも可能である。例えば，「食事にできるだけ時間をかける」というルールは，共働きの家庭で毎日実行することは難しいかもしれない。しかし，事前に家族全員が集まってゆっくり食事をする時間を決めて（例えば，水曜日の夕食と，週末の食事のうち1回は，家族全員でゆっくり食事をする），それを必ず実行する，といったように取り決めることは可能である。

　このように，科学的な知見に基づき，健康的な食習慣を身につけるための行動や環境に関する理解を「ブースト」できる。そして，ちょっとした工夫と努力をすることで，効果的に食習慣を改善することが可能となる[24]。

6.4　ナッジとブーストの違い：異なるターゲットと人間観

　ナッジとブーストは，私たちをよりよい判断や意思決定に導く

---

24)　Dallacker, Hertwig, & Mata (2019) も述べているように，ここで挙げたルールと子どもが健康的な摂食行動を身につけることの間に直接的な因果関係が示されているわけではない。この点は留意すべきである。因果関係を明らかにするためには，各ルールによって，どのような行動，あるいは食事にまつわる環境の変化が生み出され，そしてそれらが子どもの健康的な摂食行動にどのように結びついているかなどを解明する必要がある。

ための「介入」という意味で似ている。しかし，これらの根底にある考え方は大きく異なる。まず，ナッジでは，よい判断や意思決定を実現するために，積極的な介入を行い（例えば，初期値を設定する），そして判断や意思決定を「肘で突く」（誘導する）。一方ブーストでは，介入は判断や意思決定の認知的プロセスを改善する目的だけに行い（例えば，情報の提示法を変える），判断や意思決定はあくまでも意思決定者の自律性に委ねている。また，ナッジとブーストではターゲットとしている内容が異なる。ナッジがターゲットとするのは行動である。つまり，既存の認知バイアスを活用して，判断や意思決定をよい方向へ導くこと（例えば，臓器提供への同意）が目的となるが，認知バイアスを変えることを目的とはしていない。一方でブーストは，認知バイアスを減らし，認知的技量を高める（例えば，ベイズ的確率判断において，頻度的に解釈し，正しく回答できるようにする）ことがターゲットとなる。

　またナッジとブーストとでは，人間がもつ認知機構（特に判断や意思決定の合理性に関わる認知機構）に関する考え方が異なっている（Hertwig & Grune-Yanoff, 2017）。ナッジは，二重システムの認知機構の考え方に基づく。二重システムの認知機構の考え方とは，直感的，自動的，感情的な判断や意思決定を生み出すシステム1と，規則に基づく，熟慮的，そして感情中立的な判断や意思決定を生み出すシステム2という2つの処理システムから人の認知機構は成り立っているとする考え方である（Kahneman, 2003, 2011）。システム1は効率的に反応を生み出すが，系統的な認知バイアスも有する。システム2はそれを「監視」し，バイアスを修正しようとするが，うまくいかないことも多いとされている。ナッジでは，システム1のもつ認知バイアスが非常に頑健であり，修正が難しいので，システム2を高めるのではなく，システム1がもつバイアスを「活用する」。一方で，ブーストの考え方では，こ

のようなシステム 1，2 のような認知機構の考え方をとらない。認知機能や動機に関わるプロセスは変化の可能性を十分有し，また高めることもできる，という考え方に基づいている。

　この両者の違いを理解するために，以下の例を考えてみよう。ある治療法の有効性について，次のような 2 種類の情報があったとする（Safati ら，1998 より作成）。

情報 (1)：もしあなたがこの検査を 2 年ごとに受けたら，向こう 10
　　　　　年間，この病気で死ぬ確率を 1/3 減らすことができる。
情報 (2)：もしあなたがこの検査を 2 年ごとに受けたら，向こう 10
　　　　　年間，この病気で死ぬ確率を 3/1000 から 2/1000 に減ら
　　　　　すことができる。

　これら 2 つの情報は基本的には同じ事実を述べているが，情報 (1) では相対的な確率の減少について述べており，情報 (2) では絶対的な確率の減少について述べている。一般的に，情報 (1) のような形で情報が提示される場合のほうが，この検査を受けたいと思う人が多いとされている。また Convey (2007) によると，多くの人は情報 (1) と (2) のような形で情報が提示された場合の違いについてあまり理解しておらず，情報 (1) のような形で情報が提示された場合の治療を好ましく評価する傾向にある。

　この 2 つの情報に対して人が行う判断の違いについて，ナッジとブーストでは全く異なるアプローチをとる。ナッジでは，このような反応の違いを認知バイアスの一種と捉え，それを利用した誘導を試みる。例えば政策立案者が，もしこの検査は非常に重要であり，この検査を受けてもらいたいと考えているのであれば，情報 (1) のような形で提示を試みるだろう。つまり，「相対的な確率の減少」という形で提示することが，検査を受けさせるための「ナッ

ジ」となる。一方，ブーストでは情報の意味をしっかりと理解させ
ることを目指す。情報 (1) は曖昧なため，情報 (2) の絶対的な意味
での数値を伝え，どの程度死ぬ確率を減らすことができるのかとい
う本質的な意味を理解させる。つまり，ブーストでは情報 (1)，(2)
の反応の違いは認知バイアスから来るものとは考えずに，情報の提
示法の不備（情報 (1) は，確率の意味を考える上で曖昧である）に
あると考える。情報を明確にして，その本質的な意味を理解しても
らった上で，あとは個人の意思に任せて意思決定を求める。例えば
3/1000 から 2/1000 の減少はあまりにも小さいと思う人は検査を
受けないだろうし，少しでも減らせるならば意味があると考える人
は検査を受けるだろう。このように，ブーストでは明確な形で情報
を理解させ，最終的には個人の選好に基づく意思決定を求める。

　以上のように，ナッジとブーストとでは，人間に関する合理性に
関する考え方，および介入法が大きく異なり，それぞれ一長一短が
ある (Hertwig & Grüne-Yanoff, 2017; Grüne-Yanoff & Hertwig,
2016)。ナッジを行うと，臓器提供の初期値の例のように，非常に
大きな効果が得られる場合がある。しかし，そもそも，どのように
ナッジすべきかについては慎重に考えなければならない。初期値を
「提供」の形にするオプトアウト方式で意思決定を求める場合，臓
器提供をしたいと考えている人に対してはよいナッジになるだろう
が，一方で，臓器提供をしたくない人にとっては，自分では気がつ
かないうちに，自分の意思に反して「提供」という意思決定に誘導
されてしまうことになるかもしれない。個人の選好や思想に合わせ
てナッジするというのが理想だが，私たちの選好や思想は非常に多
様であることを踏まえると現実的には困難である。それに対して，
最終的には個人の意思決定に多くを委ねるという意味で，ブースト
は個人の選好や思想を反映できるのかもしれない。しかし，ブース
トがどの程度効果をもつのかについては不明な点も多く，場合によ

ってはナッジほどの効果は得られないかもしれない。

　ナッジとブーストは，どちらも人をよい意思決定に導くための介入法だという点では共通している。これらの考え方を起点にして，人びとをよい判断や意思決定に導くためのさまざまな方法が今後提案されていくだろう。

6.5　まとめ

　本章では，人びとをよりよい判断や意思決定に導くための介入法として，ナッジとブーストという2つの方法を紹介した。ナッジは人の判断や意思決定におけるバイアスを「活用」してよい判断や意思決定に導く介入法である。それに対してブーストは合理的な判断や意思決定を行えるように認知的技量を「高める」ための介入法である。これらは異なる合理性に関する考え方から提案されている。

　それでは，政策決定者は，多くの人がよい判断や意思決定ができるようにどのような施策をとるべきであろうか。政策決定者が留意すべき点として Hertwig (2017) が挙げている，6つのルールを表6.1 に記す。この表からもわかるように，どちらの介入法にも一長一短があり，どちらかが優れているというわけではない。政策決定者にとって重要と思われる点は，各個人にとって本当によいと思われる判断や意思決定を行ってもらうためにどのような施策がよいのか，すなわちナッジとブーストがもつ長所と短所を理解し，それぞれの施策をうまく使い分けることである。

　残念ながら，政策決定者自身も常に正しい判断や意思決定ができるわけではなく，場合によっては「悪意」をもって，ある方向へ人の判断や意思決定を誘導するかもしれない。したがって意思決定者自身も，日常生活においてどのようなナッジが存在し，そのナッジによってどのような判断や意思決定に導かれやすいのかをしっか

表 6.1　政策決定者がナッジ，ブーストについて留意すべき点
(Hertwig, 2017)

ルール 1	もし個人が新しい技量を高めるための能力やモチベーションを欠く場合は，ナッジのほうがより効率的な介入法である
ルール 2	もし政策決定者が人びとのゴールについて明確に理解できなかったり，個人間で明確に異なるゴールが存在していたり，あるいは対立する場合は，ブーストは誤りが少ない介入法である
ルール 3	もしナッジが機能するためにナッジの透明性を低める必要があったり，あるいはナッジされる人に見えない形にする必要がある場合は，意思決定の逆転性は容易に達成されず，パターナリズム的な介入となる
ルール 4	もし政府が常に人びとにとって好意的に機能しなかったり，また民間に有害ともいえる選択構造を作り出すことを許容しているのであれば，ブーストはそれらから個々を守る方法を提供する
ルール 5	もし政策決定者が汎用性の高い，持続する行動を高めることを目指すのであれば，ブーストが目的にかなった方法である
ルール 6	もしナッジやブーストによる介入によって予期できない，望ましくない結果になるような危険が存在しているのであれば，それぞれの代替案を考えるべきである

りと理解することが重要である。そして，よりよい判断や意思決定者を目指すために，6.3 節で挙げたような，認知的技量をブーストする努力を行うことも重要である。あるいは，Reijula & Hertwig (2020) が提案しているように，日常生活において自分自身で調整可能な環境を「自身でナッジ（セルフナッジ）」し，自らよい判断や意思決定に導くようにするという方法も考えられる[25]。

　よい判断や意思決定は簡単に達成できるわけではない。意思決定者がモチベーションをもち，努力をすることが必要である。

---

25)　健康的な食材をより多く摂取するために，そのような食材を定期的に自宅まで配達してくれるようなサービスを契約する，といった方法はセルフナッジの一例である。一度契約し，その後自動的に健康的な食材が届く仕組みは，「初期値」として機能する。本文でも述べたように，私たちは初期値から変更しない傾向にあるので，契約が継続され，結果として健康的な食材をより多く摂取することにつながると予想される。このような方法が実際に効果的である可能性が指摘されている (Torma, Aschemann-Witzel, & Thøersen, 2018)。

コラム⑫：ナッジの視点に基づく贈り物の「よい渡し方」とは何か

　ナッジは，意思決定者に判断や意思決定を自由に行わせる余地を残した上で，よりよいと考えられる方向に誘導する方法である。ここでは，プレゼントを渡す際，ちょっとした工夫で，渡す相手の満足度を上げる方向へ「ナッジ」する方法について紹介する。

　以下のような場面を想像してみよう。スイスへ旅行に行き，有名なチョコレート店で異なる味の 10 個のチョコレート（値段は全く同じであるとする）をお土産で買ってきて，そのうちの好きな 5 個を友人に選んでもらい，プレゼントしようと考えている。友人には可能な限り満足してもらうようにチョコレートを渡したい。どのように渡せばよいだろうか。Onuki, Honda, & Ueda (2020) は，10 個のチョコレートの提示法を工夫した。まず，コラム図 7 のように，チョコレートを乗せるトレー（何も記載がないトレーで，諦める 5 個を乗せるためのトレーなので，ここでは「捨て皿」と呼ぶ），自分がもらうためのトレー（「取り皿」と記載されており，もらう 5 個を乗せるためのトレー）を用意した。そして，初期値として 10 個のチョコレートがすべて捨て皿に乗せてある選択条件と，同じく初期値として 10 個のチョコレートがすべて取り皿に乗せてある放棄条件の 2 つの配置条件を設けた。実験参加者には，欲しい 5 個を取り皿へ乗せ，残りの 5 個を捨て皿に乗せるように指示し，取り皿の 5 個を実際に実験参加者に渡し，5 個のチョコレートに対する満足度を 0（全く満足していない）～100（非常に満足している）の 101 件法で尋ねた。

　この手続きのポイントは以下のようにまとめられる。まず，2 つの条件とも，10 個中 5 個の欲しいチョコレートを実験参加者がもらえる点は共通である。つまり，実験参加者は自分の意思でチョコレートを選択でき，かつ最終的に得られるチョコレートの数に 2 つの条件間で違いはない。次に，実験参加者に与えた教示は全く同じであり，チョコレートを 5 個選んで欲しいことを伝える。つまり，2 つの条件で異なるのは，最初に 10 個のチョコレートが捨て皿，あるいは取り皿に乗せられているかのみである。

　2 つの条件の実験参加者は，上記のように理屈上は全く同じことを求められているにもかかわらず，5 個渡した後の満足度を聞いてみると，最初に 10 個のチョコレートがすべて捨て皿に乗せてあった選択

条件のほうがチョコレートへの満足度が高くなるという結果が得られた（コラム図7）。

　この結果は，以下のように解釈できる。選択条件では，捨て皿から取り皿，すなわち自分がもらうチョコレートを乗せる皿へ5個のチョコレートを移すことが求められる。つまり，5個のチョコレートを「選択する」行為が求められている。一方，放棄条件では，取り皿から捨て皿，すなわち自分が諦めなければならないチョコレートを乗せる皿へ5個のチョコレートを移すことが求められる。つまり，5個のチョコレートを「放棄」する行為が求められている。このように，チョコレートの配置から求められる行為によって，理屈上は全く同じ選択課題であるにもかかわらず，心理的には異なる課題を行うように求められていたと解釈できる。

　「選択」と「放棄」は心理的には異なる行為である。放棄することは往々にして心理的な困難を伴い，さまざまな葛藤を生み出すことが多い。実際，Onuki ら（2020）の実験において，チョコレートの選択過程をビデオ撮影し，詳細な分析を行ったところ，選択までの時間は放棄条件のほうが長く，また放棄条件のほうに多くのマイクロスリップ（選択行為における動作の修正）が観察されていた。選択条件の実験参加者に比べ，放棄条件の実験参加者は自分がもらうチョコレートの選

選択条件

放棄条件

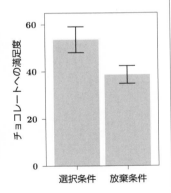

コラム図7　2つの実験条件とそれぞれの条件において，もらったチョコレートに対する満足度の評定値（Onuki ら，2020）。満足度評定は 0（全く満足していない）〜100（非常に満足している）の 101 件法で測定されており，図のエラーバーは標準誤差を示している。

択に，より困難さや葛藤を感じていたのかもしれない。

　このように，ちょっとした渡し方の違いにより，プレゼントに対する満足度に違いが生み出される可能性がある。特に，上の例ではプレゼントの量を変えずに，自由に選択してもらった上で，貰い手の満足度を高める方向に「ナッジ」できることを示している。

参考文献

Allen, E. J., Dechow, P. M., Pope, D. G., & Wu, G. (2017). Reference-dependent preferences: Evidence from marathon runners. *Management Science*, **63(6)**, 1657-1672.

Alter, A. L., & Oppenheimer, D. M. (2006). Predicting short-term stock fluctuations by using processing fluency. *Proceedings of the National Academy of Sciences*, **103(24)**, 9369-9372.

Alter, A. L., & Oppenheimer, D. M. (2008a). Easy on the mind, easy on the wallet: The roles of familiarity and processing fluency in valuation judgments. *Psychonomic Bulletin and Review*, **15(5)**, 985-990.

Alter, A. L., & Oppenheimer, D. M. (2008b). Effects of fluency on psychological distance and mental construal (or Why New York Is a large city, but New York is a civilized jungle). *Psychological Science*, **19(2)**, 161-167.

Anderson, J. R. (2007). *How can the human mind occur in the physical universe?* New York: Oxford University Press.

Anderson, J. R., & Schooler, L. J. (1991). Reflections of the environment in memory. *Psychological Science*, **2(6)**, 396-408.

Arkes, H. R., Gigerenzer, G., & Hertwig, R. (2016). How bad is incoherence? *Decision*, **3(1)**, 20-39.

Bakkensen, L. A., & Larson, W. (2014). Population matters when modeling hurricane fatalities. *Proceedings of the National Academy of Sciences*, **111(50)**, E5331-E5332.

Bertrand, M., & Mullainathan, S. (2004). Are Emily and Greg More employable than Lakisha and Jamal? A field experiment on labor market discrimination. *American Economic Review*, **94(4)**, 991-1013.

Beyth-Marom, R. (1982). How probable is probable? A numerical translation of verbal probability expressions. *Journal of Forecasting*, **1(3)**, 257-269.

Boroditsky, L. (2001). Does language shape thought?: Mandarin and English speakers' conceptions of time. *Cognitive Psychology*, **43(1)**, 1-22.

Bucher, T., C. Collins, M. E. Rollo, T. A. McCaffrey, N. De Vlieger, D. Van der Bend and F. J. Perez-Cueto (2016). Nudging consumers towards healthier choices: a systematic review of positional influences on food choice. *The British Journal of Nutrition*, **115(12)**, 2252-2263.

Budescu, D. V, Broomell, S., & Por, H.-H. (2009). Improving communication of uncertainty in the reports of the Intergovernmental Panel on Climate Change. *Psychological Science,* **20(3)**, 299-308.

Budescu, D. V, Por, H.-H., Broomell, S. B., & Smithson, M. (2014). The interpretation of IPCC probabilistic statements around the world. *Nature Climate Change*, **4(6)**, 508-512.

Budescu, D. V, & Wallsten, T. S. (1995). *Processing linguistic probabilities: General principles and empirical evidence.* In J. Busemeyer, R. Hastie, & D. L. Medin (Eds.), Decision making from a cognitive perspective (Vol. Volume 32, pp. 275-318). New York: Academic Press.

Chandler, J., Griffin, T. M., & Sorensen, N. (2008). In the "I" of the storm: Shared initials increase disaster donations. *Judgment and Decision Making*, **3(5)**, 404-410.

Changizi, M. (2009). *The vision revolution: How the latest research overturns everything we thought we knew about human vision.* BenBella Books. (柴田裕之訳. (2020). 『人の目, 驚異の進化 (ハヤカワ文庫 NF)』. 早川書房)

Christensen, B., & Christensen, S. (2014). Are female hurricanes really deadlier than male hurricanes? *Proceedings of the National Academy of Sciences*, **111(34)**, E3497-E3498.

Cialdini, R. B. (2001). *Influence: Science and practice* (4th ed.). Boston: Allyn & Bacon.

Covey, J. (2007). A Meta-analysis of the Effects of Presenting Treatment Benefits in Different Formats. *Medical Decision Making*, **27(5)**, 638-654.

Dai, X., Wertenbroch, K., & Brendl, C. M. (2008). The value heuristic in judgments of relative frequency. *Psychological Science*, **19(1)**, 18-19.

Dallacker, M., Hertwig, R., & Mata, J. (2019). Quality matters: A meta-analysis on components of healthy family meals. *Health Psychology*, **38(12)**, 1137-1149.

Dallacker, M., Mata, J., & Hertwig, R. (2019). Toward simple eating rules for the land of plenty. In R. Hertwig, T. J. Pleskac, & T. Pachur (Eds.), *Tarming uncertainty* (pp. 111-127). Cambridge, MA: MIT Press.

Deese, J. (1959). On the prediction of occurrence of particular verbal intrusions in immediate recall. *Journal of Experimental Psychology*, **58(1)**, 17-22.

Ebbinghaus, H. (1913). *Memory: A contribution to experimental psychology.* (R. Henry A & C. E. Bussenius, Trans.). New York: Teachers

College, Columbia University.

Gigerenzer, G., & Goldstein, D. G. (1996). Reasoning the fast and frugal way: Models of bounded rationality. *Psychological Review*, **103(4)**, 650-669.

Gigerenzer, G., & Goldstein, D. G. (2011). The recognition heuristic: A decade of research. *Judgment and Decision Making*, **6(1)**, 100-121.

Gigerenzer, G., & Hoffrage, U. (1995). How to improve Bayesian reasoning without instruction: Frequency formats. *Psychological Review*, **102(4)**, 684-704.

Goldstein, E. B. (2018). *Cognitive psychology: Connecting mind, research, and everyday experience, fifth edition.* Cengage.

Goldstein, D. G., & Gigerenzer, G. (2002). Models of ecological rationality: The recognition heuristic. *Psychological Review*, **109(1)**, 75-90.

Gonzalez, R., & Wu, G. (1999). On the Shape of the Probability Weighting Function. *Cognitive Psychology*, **38(1)**, 129-166.

Grüne-Yanoff, T., & Hertwig, R. (2016). Nudge versus Boost: How coherent are policy and theory? *Minds and Machines*, **26(1)**, 149-183.

羽生善治. (2005). 決断力. 角川書店.

Hertwig, R. (2017). When to consider boosting: Some rules for policymakers. *Behavioural Public Policy*, **1(2)**, 143-161.

Hertwig, R., & Grüne-Yanoff, T. (2017). Nudging and Boosting: Steering or empowering good decisions. *Perspectives on Psychological Science*, **12**, 973-986.

Hertwig, R., Herzog, S. M., Schooler, L. J., & Reimer, T. (2008). Fluency heuristic: A model of how the mind exploits a by-product of information retrieval. *Journal of Experimental Psychology: Learning, Memory, and Cognition*, **34(5)**, 1191-1206.

Honda, H., Abe, K., Matsuka, T., & Yamagishi, K. (2011). The role of familiarity in binary choice inferences. *Memory and Cognition*, **39(5)**, 851-863.

Honda, H., Fujisaki, I., Matsuka, T., & Ueda, K. (2018). Typicality or fluency? A comparison of two hypotheses about cognitive effects of japanese script. *Experimental Psychology*, **65(4)**, 210-217.

本田秀仁・藤崎樹・植田一博. (2017). "レモン" より "檸檬" を買いたい：日本語表記の希少性と可読性が食品認知に与える影響. 日本認知科学第 34 回大会発表論文集, 794-796.

Honda, H., & Matsuka, T. (2014). On the role of rarity information in speakers' choice of frame. *Memory and Cognition*, **42(5)**, 768-779.

Honda, H., Matsuka, T., & Ueda, K. (2016). On the adaptive nature of memory-based false belief. In A. Papafragou, D. Grodner, D. Mirman, & J. C. Trueswell (Eds.), *Proceedings of the 38th Annual Conference of the Cognitive Science Society* (pp. 223-228). Austin, TX: Cognitive Science Society.

Honda, H., Matsuka, T., & Ueda, K. (2017a). Decisions based on verbal probabilities: Decision bias or decision by belief sampling? In G. Gunzelmann, A. Howes, T. Tenbrink, & E. J. Davelaar (Eds.), *Proceedings of the 39th Annual Conference of the Cognitive Science Society* (pp. 557-562). Austin, TX: Cognitive Science Society.

Honda, H., Matsuka, T., & Ueda, K. (2017b). Memory-based simple heuristics as attribute substitution: Competitive tests of binary choice inference models. *Cognitive Science*, **41(S5)**, 1093-1118

Honda, H., Matsunaga, S., & Ueda, K. (2020). Special number or a mere numerical array? Effect of repdigits on judgments and choices. *Frontiers in Psychology*, **11**: 1551.

Honda, H., Shirasuna, M., Matsuka, T., & Ueda, K. (2018). Do people explicitly make a frame choice based on the reference point? *Frontiers in Psychology*, **9**: 2552.

Honda, H., & Yamagishi, K. (2017). Communicative functions of directional verbal probabilities: Speaker's choice, listener's inference, and reference points. *Quarterly Journal of Experimental Psychology*, **70(10)**, 2141-2158.

Hsee, C. K., & Rottenstreich, Y. (2004). Music, Pandas, and Muggers: On the Affective Psychology of Value. *Journal of Experimental Psychology: General*, **133(1)**, 23-30.

Jerez-Fernandez, A., Angulo, A. N., & Oppenheimer, D. M. (2013). Show me the numbers: Precision as a cue to others' confidence. *Psychological Science*, **25(2)**, 633-635.

Johnson, E. J., & Goldstein, D. G. (2003). Do defaults save lives? *Science*, **302,** 1338-1339.

Jung, K., Shavitt, S., Viswanathan, M., & Hilbe, J. M. (2014a). Female hurricanes are deadlier than male hurricanes. *Proceedings of the National Academy of Sciences*, **111(24)**, 8782-8787.

Jung, K., Shavitt, S., Viswanathan, M., & Hilbe, J. M. (2014b). Reply to Christensen and Christensen and to Malter: Pitfalls of erroneous analyses of hurricanes names. *Proceedings of the National Academy of Sciences*, **111(34)**, E3499-E3500.

Jung, K., Shavitt, S., Viswanathan, M., & Hilbe, J. M. (2014c). Reply to Maley: Yes, appropriate modeling of fatality counts confirms female hurricanes are deadlier. *Proceedings of the National Academy of Sciences*, *111(37)*, E3835-E3835.

Jung, K., Shavitt, S., Viswanathan, M., & Hilbe, J. M. (2014d). Reply to Bakkensen and Larson: Population may matter but does not alter conclusions. *Proceedings of the National Academy of Sciences*, **111(50)**, E5333-E5333.

Kabátek, J., & Ribar, D. C. (2018). Not your lucky day: romantically and numerically special wedding date divorce risks. *Journal of Population Economics*, **31(4)**, 1067-1095.

Kahneman, D. (2003). A perspective on judgment and choice: Mapping bounded rationality. *American Psychologist*, **58**, 697-720.

Kahneman, D. (2011). *Thinking, fast and slow.* Macmillan Magazines Ltd.

Kahneman, D., & Frederick, S. (2005). *A model of heuristic judgment.* In K. J. Holyoak & R. G. Morrison (Eds.), Cambridge Handbook of Thinking and Reasoning (pp. 267-293). New York: Cambridge University Press.

Kahneman, D., & Tversky, A. (1979). Prospect theory: An analysis of decision under risk. *Econometrica*, **47(2)**, 263-292.

Kahneman, D., & Tversky, A. (1996). On the reality of cognitive illusions. *Psychological Review*, **103(3)**, 582-591.

Keren, G., & Wu, G. (Eds.). (2015). *The Wiley-Blackwell Handbook of Judgment and Decision Making.* West Sussex: John Wiley.

Khan, U., & Dhar, R. (2006). Licensing effect in consumer choice. *Journal of Marketing Research*, **43(2)**, 259-266.

Laham, S. M., Koval, P., & Alter, A. L. (2012). The name-pronunciation effect: Why people like Mr. Smith more than Mr. Colquhoun. *Journal of Experimental Social Psychology*, **48(3)**, 752-756.

Levin, I. P., & Gaeth, G. J. (1988). How consumers are affected by the framing of attribute information before and after consuming the product. *Journal of Consumer Research*, **15(3)**, 374-378.

Levin, I. P., Schneider, S. L., & Geath, G. J. (1998). All frames are not created equal: A typology and critical analysis of framing effects. *Organizational Behavior and Human Decision Processes*, **76(2)**, 149-188.

Lichtenstein, S., Slovic, P., Fischhoff, B., Layman, M., & Combs, B. (1978). Judged frequency of lethal events. *Journal of Experimental Psychology: Human Learning and Memory*, **4(6)**, 551-578.

Loewenstein, G., Bryce, C., Hagmann, D., & Rajpal, S. (2015). Warning: You are about to be nudged. *Behavioral Science and Policy*, **1**, 35-42.

Maley, S. (2014). Statistics show no evidence of gender bias in the public's hurricane preparedness. *Proceedings of the National Academy of Sciences*, **111(37)**, E3834-E3834.

Malter, D. (2014). Female hurricanes are not deadlier than male hurricanes. *Proceedings of the National Academy of Sciences*,**111(34)**, E3496-E3496.

Marewski, J. N., & Schooler, L. J. (2011). Cognitive niches: An ecological model of strategy selection. *Psychological Review*, **118(3)**, 393-437.

Mason, M. F., Lee, A. J., Wiley, E. A., & Ames, D. R. (2013). Precise offers are potent anchors: Conciliatory counteroffers and attributions of knowledge in negotiations. *Journal of Experimental Social Psychology*, **49(4)**, 759-763.

McCullough, B. D., & McWilliams, T. P. (2010). Baseball players with the initial "K" do not strike out more often. *Journal of Applied Statistics*, **37(6)**, 881-891.

Mckenzie, C. R. M., & Mikkelsen, L. A. (2000). The psychological side of Hempel's paradox of confirmation. *Psychonomic Bulletin and Review*, **7(2)**, 360-366.

McKenzie, C. M., & Nelson, J. (2003). What a speaker's choice of frame reveals: Reference points, frame selection, and framing effects. *Psychonomic Bulletin & Review*, **10(3)**, 596-602.

Meyerowitz, B. E., & Chaiken, S. (1987). The effect of message framing on breast self-examination attitudes, intentions, and behavior. *Journal of Personality and Social Psychology*, **52(3)**, 500-510.

鍋田智広・楠見孝. (2009). Deese-Roediger-McDermott(DRM) 手続きを用いた虚偽記憶研究—虚偽記憶の発生過程と主観的想起経験—. 心理学評論, **52(4)**, 545-575.

Nelson, L. D., & Simmons, J. P. (2007). Moniker Maladies: When names sabotage success. *Psychological Science*, **18(12)**, 1106-1112.

日本認知科学会（編）. (2002). 認知科学辞典. 共立出版.

Nuttin, J. M. (1987). Affective consequences of mere ownership: The name letter effect in twelve European languages. *European Journal of Social Psychology*, **17(4)**, 381-402.

Onuki, Y., Honda, H., & Ueda, K. (2020). Self-initiated actions under different choice architectures affect framing and target evaluation even without verbal manipulation. *Frontiers in Psychology*, **11**; 1449.

Pachur, T., & Hertwig, R. (2006). On the psychology of the recognition heuristic: Retrieval primacy as a key determinant of its use. *Journal of Experimental Psychology: Learning, Memory, and Cognition*, **32(5)**, 983-1002

Pelham, B. W., Carvallo, M., & Jones, J. T. (2005). Implicit egotism. Current *Directions in Psychological Science*, **14(2)**, 106-110.

Pelham, B. W., Mirenberg, M. C., & Jones, J. T. (2002). Why Susie sells seashells by the seashore: Implicit egotism and major life decisions. *Journal of Personality and Social Psychology*, **82(4)**, 469-487.

Pocheptsova, A., Labroo, A. A., & Dhar, R. (2010). Making products feel special: When metacognitive difficulty enhances evaluation. *Journal of Marketing Research*, **47(6)**, 1059-1069.

Pope, D., & Simonsohn, U. (2011). Round numbers as goals: Evidence from baseball, SAT takers, and the lab. Psychological Science, **22(1)**, 71-79.

Reijula, S., & Hertwig, R. (2020). Self-nudging and the citizen choice architect. *Behavioural Public Policy*, 1-31.

Roediger, H. L., & DeSoto, K. A. (2016). Recognizing the presidents: Was Alexander Hamilton president? *Psychological Science*, **27(5)**, 644-650.

Roediger, H. L., & McDermott, K. B. (1995). Creating false memories: Remembering words not presented in lists. *Journal of Experimental Psychology: Learning, Memory, and Cognition*, **21(4)**, 803-814.

Safati, D., Howden-Chapman, P., Woodward, A., & Salmond, C. (1998). Does the frame affect the picture? A study into how attitudes to screening for cancer are affected by the way benefits are expressed. *Journal of Medical Screening*, **5(3)**, 137-140.

Schooler, L. J., & Hertwig, R. (2005). How forgetting aids heuristic inference. *Psychological Review*, **112(3)**, 610-628.

Sedlmeier, P., & Gigerenzer, G. (2001). Teaching Bayesian reasoning in less than two hours. *Journal of Experimental Psychology: General*, **130(3)**, 380-400.

Sher, S., & McKenzie, C. R. M. (2006). Information leakage from logically equivalent frames. *Cognition*, **101(3)**, 467-494.

Sher, S., & McKenzie, C. R. M. (2008). *Framing effects and rationality.* In N. Chater & M. Oaksford (Eds.), *The probabilistic mind: Prospects for Bayesian cognitive science* (pp. 79-96). Oxford: Oxford University Press.

Sher, S., & McKenzie, C. R. M. (2011). *Levels of information: A framing hierarchy.* In G. Keren (Ed.), *Perspectives on framing* (pp. 35-63). New York: Psychology Press.

Simonsohn, U. (2011). Spurious? Name similarity effects (implicit egotism) in marriage, job, and moving decisions. *Journal of Personality and Social Psychology*, **101(1)**, 1-24.

Snook, B., & Cullen, R. M. (2006). Recognizing National Hockey League greatness with an ignorance-based heuristic. *Canadian Journal of Experimental Psychology*, **60(1)**, 33-43.

Soll, J. B., Milkman, K. L., & Payne, J. W. (2015). A user's guide to debiasing. In G. Keren & G. Wu (Eds.), *The Wiley Blackwell Handbook of Judgment and Decision Making, Volume II* (pp. 924-951). Wiley-Blackwell.

Strack, F., Martin, L. L., & Schwarz, N. (1988). Priming and communication: Social determinants of information use in judgments of life satisfaction. *European Journal of Social Psychology*, **18(5)**, 429-442.

Teigen, K. H., & Brun, W. (1995). Yes, but it is uncertain: Direction and communicative intention of verbal probabilistic terms. *Acta Psychologica*, **88(3)**, 233-258.

Teigen, K. H., & Brun, W. (1999). The directionality of verbal probability expressions: Effects on decisions, predictions, and probabilistic reasoning. *Organizational Behavior and Human Decision Processes*, **80(2)**, 155-190.

Teigen, K. H., & Brun, W. (2003a). *Verbal expressions of uncertainty and probability*. In L. Macci & D. Hardman (Eds.), *Thinking: Psychological perspectives on reasoning and decision making* (pp. 125-145). New York: John Wiley & Sons, Ltd.

Teigen, K. H., & Brun, W. (2003b). Verbal probabilities: A question of frame? *Journal of Behavioral Decision Making*, **16(1)**, 53-72.

Teigen, K. H., & Karevold, K. I. (2005). Looking back versus looking ahead: framing of time and work at different stages of a project. *Journal of Behavioral Decision Making*, **18(4)**, 229-246.

Thaler, R., & Benartzi, S. (2004). Save More Tomorrow: Using behavioral economics to increase employee saving. *Journal of Political Economy*, **112(S1)**, S164-S187.

Thaler, R. H., & Sunstein, C. R. (2003). Libertarian Paternalism. American *Economic Review*, **93(2)**, 175-179.

Thaler, R., & Sunstein, C. R. (2008). Nudge: *Improving Decisions About Health, Wealth and Happiness*. New York: Simon & Schuster.

Torma, G., Aschemann-Witzel, J., & Thøgersen, J. (2018). I nudge myself: Exploring 'self-nudging' strategies to drive sustainable consumption behaviour. *International Journal of Consumer Studies*, **42(1)**, 141-154.

Tversky, A., & Kahneman, D. (1973). Availability: A heuristic for judging frequency and probability. *Cognitive Psychology*, **5(2)**, 207-232.

Tversky, A., & Kahneman, D. (1981). The framing of decisions and the psychology of choice. *science*, **211(4481)**, 453-458.

Tversky, A., & Kahneman, D. (1983). Extensional versus intuitive reasoning: The conjunction fallacy in probability judgment. *Psychological Review*, **90(4)**, 293-315.

Wilson, R. A., & Keil, F. C.（Eds., 中島秀之訳）. (2012). MIT 認知科学大事典. 共立出版.

Zhu, L., & Gigerenzer, G. (2006). Children can solve Bayesian problems: the role of representation in mental computation. *Cognition*, **98(3)**, 287-308.

あとがき

　私がなぜ人の行う判断や意思決定に興味をもつようになったかを振り返って考えると，その原点は高校時代にあるような気がする。高校の3年間，クラス担任はずっと同じ数学の先生であった。あるホームルームの時間に，その先生が「これから皆さんに誕生日を聞いてみたいと思います。この中に同じ誕生日の人が必ずいるはずです！」と高々と宣言した。クラスの人数は45名と多くはなかったので，「まさか…」と思った。そして，「1月生まれの人，立ってください！」と1月から各月に誕生日をもつ人が立たされて，誕生日が尋ねられていった。後半のほうで（確か10月か11月あたりで）実際に一致した人がいた。先生は「あ～よかった…」と胸をなでおろしながら，「確率的には，だいたい95%で一致する人がいるんですよね」とおっしゃっていた。確率を計算すると実際にそうなる（全員一致しない確率を計算すると $[(365/365) \times (364/365) \times \cdots \times (321/365)] \fallingdotseq 0.06$ であり，1からこの値を引けば，最低でも1組は誕生日が一致する確率を求められる）。

　直感的には非常に不思議である。通常1年間は365日あるので，全員違ったとしても，まだ320日分，45人の誕生日として該当しない日が存在する計算になる。そのため，誰も一致しないことも大いにありそうである。しかし計算上は，45人いれば高い確率（100%に近い確率）で一致する組が存在することになる。実際，私のクラスでも誕生日の一致する組が存在した。このとき，人の確率に関する直感と実際の数学の回答は一致しないのだな，と強く印象付けられたものである。

その後，大学で心理学を専攻するにあたり，判断や意思決定の際に人が見せるさまざまなバイアスに関する A. Tversky と D. Kahneman の研究を知った。本書でもいくつか取り上げているように，彼らの研究は確率情報に基づく判断や意思決定を扱うことが多く，その中で人が見せるバイアスの多くを明らかにしている。まさに，高校の担任の先生がデモンストレーションしてくれたような内容であり，私は人の判断や意思決定について強く興味をもつようになった。このように考えると，もし高校時代の担任の先生に出会っていなかったら（あるいは，もしあのホームルームの時間を休んでいたら），私の人生は違ったものになっていたかもしれない。

　Tversky と Kahneman の研究にはすごく惹かれたのだが，一方で何か引っかかるものがずっとあった。それは，彼らのいう，「人は非合理的な判断や意思決定を行う」という主張である。確かに，一貫しない意思決定を行ったり，また論理，確率や統計理論から逸脱するような判断や意思決定を行うので，これらを "非合理的"とみなすことは理解できる。「でもしかし…」という感覚があった。実際，彼らが人の非合理性について調べる実験課題（いずれも非常に練られた，洗練されたものであると思っている）の結果を見ると，正しい，合理的と思えるような判断や意思決定が実は非合理的である，といったようにマジックを見せられたような気分になることがある。理屈は理解しつつも，モヤモヤしたものが消えなかった。この頭の中のモヤモヤを取っ払ってくれたのが，本書でも多く紹介している G. Gigerenzer や R. Hertwig らのグループの研究である。人が一見すると "変な" ことを行う背景には，合理的な判断や意思決定をする上で別の重要な意味があることに，彼らの研究は気づかせてくれた。

　本書では，「よい判断や意思決定とは何か」をずっと考えてきた。結局どうしたらよい判断や意思決定ができるのかという問いには

簡単には答えが出せない。まえがきでも書いた通り，読者一人一人にその答えを委ねたいと思う。判断や意思決定の研究をしてきて常に思うが，判断や意思決定はいつでも難しい。なお，私は判断や意思決定をするときに，ヒューリスティックや経験則を大事にしている。

　本書の執筆にあたり，多くの方々にお世話になりました。東京大学の植田一博先生には，本書執筆の機会をくださったことをはじめ，原稿を多数回にわたりチェックしていただき，また本書の執筆を進めていく上で，多くのサポートをいただきました。千葉大学の松香敏彦先生には，執筆を進めるにあたり，さまざまな視点から多くのご助言をいただきました。私より一回り以上歳の離れた若手研究者である，東京大学の藤﨑樹さん，白砂大さん，大貫祐大郎さんには原稿をチェックしていただき，フレッシュな鋭い視点から多くのコメントをいただきました。また，共立出版の日比野元さん，河原優美さんには最後まで多くのサポートをしていただきました。この場を借りて，皆様には感謝を申し上げます。

索　引

著　者

本田秀仁（ほんだ　ひでひと）

2007 年　東京工業大学大学院社会理工学研究科 博士課程修了

現　　在　追手門学院大学心理学部 准教授，博士（学術）

専門分野　認知科学・意思決定科学

越境する認知科学 7

よい判断・意思決定とは何か
　　　　　—合理性の本質を探る

*What is good judgement and
decision-making?
—Exploring the nature of rationality*

2021 年 2 月 15 日　初版 1 刷発行
2022 年 3 月 15 日　初版 2 刷発行

著　者　本田秀仁　　ⓒ 2021

発行者　南條光章

発行所　共立出版株式会社
　　　　郵便番号　112-0006
　　　　東京都文京区小日向 4-6-19
　　　　電話　03-3947-2511（代表）
　　　　振替口座　00110-2-57035
　　　　www.kyoritsu-pub.co.jp

印　刷　大日本法令印刷
製　本　ブロケード

検印廃止
NDC 007.1, 141.8

ISBN 978-4-320-09467-3

一般社団法人
自然科学書協会
会員

Printed in Japan